Carlo M. Martini

Damit ihr Frieden habt

Carlo M. Martini

Damit ihr Frieden habt

Geistliches Leben nach dem Johannesevangelium

Herder
Freiburg · Basel · Wien

Titel der Originalausgabe:
Il vangelo secondo Giovanni
nell' esperienza degli esercizi spirituali

Aus dem Italienischen übersetzt von
P. Dr. RADBERT KOHLHAAS OSB

Herstellung: Freiburger Graphische Betriebe 1982
ISBN 3-451-19550-X

Inhalt

ERSTER TEIL

BIBLISCHE MEDITATIONEN NACH DEM JOHANNESEVANGELIUM

Erste Meditation
Geistliche Einübung für den reifen Christen 13
Einführung 13
1. Wegweisung zu christlicher Einsicht 14
2. Ausgangspunkt der Verkündigung des Johannes 19

Zweite Meditation
„Prinzip und Fundament" des Johannesevangeliums 24
1. Wechselseitige Beziehung zwischen ignatianischem Fundament und Johannesprolog 26
2. Zur Freundschaft mit dem Herrn gelangen . . . 32

Dritte Meditation
Die Feinde Jesu 38
1. Sichverschließen, das zur Feindschaft führt . . 39
2. „Ohne Grund hassen sie mich" 42
3. „Gottes Tempel ist heilig, und der seid ihr" . . 46

Vierte Meditation
Sünden, Finsternis, Lüge, Knechtschaft, Tod 50
1. Was Sünde ist 52

2. Finsternis, die verwirrt 53
3. Lüge, die aufzehrt 56
4. Zwänge, die versklaven 58
5. Was der Tod bedeutet 59

Fünfte Meditation
Jesus nimmt die Sünde aus der Welt 61

1. Jesus erkennen, um wirklich geheilt zu werden 62
2. Sehend werden und sich von ihm erleuchten lassen 66
3. Die Kraft seiner Freundschaft 68

Sechste Meditation
Jesu Werk, die Ernte, die Jünger 71

1. Verstehen, worum es Jesus wirklich geht 74
2. Den Willen Gottes erfüllen 76
3. Teilnehmen an einem Werk für lange Zeit und für viele Hände 78

Siebte Meditation
Das Geheimnis des Gottes unter uns 82

1. Unaufhörliche Sehnsucht nach Gott 84
2. Immer von Gott geliebt 88
3. Aufgerufen, in ihm das Leben zu finden 92

Achte Meditation
Drei Arten der Gegenwart Christi 95

1. Die sakramentale Ordnung 98
2. Die Ordnung des Gemeindelebens 100
3. Die Ordnung des Geistes 104

Neunte Meditation
Der Glaube und seine Konsequenzen 108

1. Was Glauben bedeutet 110
2. Die Vielschichtigkeit des Glaubens 110
3. Worin sich Glauben zeigt 113

4. Früchte des Glaubens 115
5. In allem Gott suchen 116

Zehnte Meditation
Die „zwei Banner" bei Johannes 119
1. Mißverständnisse, die Jesus begleiten 122
2. Mißverständnisse der Jünger 123
3. Mißverständnisse auch bei denen, die Jesus nahestehen 126
4. Den wahren Sinn erkennen 131

Elfte Meditation
Die „drei Geleise" bei Johannes 133
1. Nein, um nicht akzeptieren zu müssen 135
2. Nein, aus Furcht vor dem Urteil anderer 137
3. Entscheidung für Jesus ohne Furcht 139

Zwölfte Meditation
Die Passion Jesu nach Johannes 141
1. Offenbarwerden der Herrlichkeit 144
2. Erhöhung am Kreuz 146
3. Die „Stunde" im Leben Jesu 148
4. Szenen der Passion 149

Dreizehnte Meditation
Jesus vor Pilatus und die Durchbohrung des Gekreuzigten 153
1. Jesus wird Pilatus vorgeführt 153
2. Den Sinn des Todes Jesu tiefer verstehen 164

Vierzehnte Meditation
Auf der Suche nach den Zeichen (Joh 20) 168
1. Maria Magdalena, Petrus und Johannes beim Grab 171
2. Der Vorrang Maria Magdalenas 174

3. Jesus im Kreis der Apostel 177
4. Jesus und Thomas 179

Fünfzehnte Meditation
Die Kirche der „Ältesten" (Joh 21) 181

1. Jesus offenbart sich den Jüngern am See Tiberias 182
2. Jesu Zwiegespräch mit Petrus 184
3. Der Mut des Petrus, die Liebe des Johannes . . . 192

ZWEITER TEIL

BIBLISCHE ANSPRACHEN NACH DEM JOHANNESEVANGELIUM

1. *Das Geheimnis des christlichen Betens (Joh 16, 23 ff)* 197
Das christologische Geheimnis des Gebetes . . 199
Das eschatologische Geheimnis des Gebetes . . 200
Das Geheimnis der Verwandlung 201
Sich im Gebet Gott überlassen 203

2. *Die ersten Jünger Jesu (Joh 1, 35–51)* 204
Bei Jesus bleiben 205
Jesus kennen und andere rufen 207
Durchhalten bis zum Ende 208

3. *Das Wasser, das Dürsten und der Geist (Joh 7, 33–39)* 210
Die Gabe des lebendigen Wassers 212
Jesus suchen 213
Dürsten nach Glauben 215

4. *Das verborgene Leben nach Johannes (7, 40–53)* . 217
In Geduld wachsen und abwarten 217
Den Augenblick Gottes erkennen 221

5. *Über die „dritte Weise der Demut" (Joh 8,46–59)* . 223
Sich der Kritik stellen 224
Die Kraft, zu reden und zu schweigen 225

6. *Die Fußwaschung (13,1–17)* 228
Gespräch unter Freunden 228
Dem Menschen zu Diensten 230
Verweigerung und Abwehr der Liebe 233
Liebe, die uns handeln läßt 235

Hinweis

Ebenso wie das bekannte Werk des Mailänder Erzbischofs Carlo M. Martini „Dein Stab hat mich geführt" geht auch dieser Band mit geistlichen Betrachtungen zum Johannesevangelium auf einen Exerzitienkurs zurück. Daraus erklären sich der Aufbau und die Verknüpfung mit den „Geistlichen Übungen" des heiligen Ignatius von Loyola. Die Meditationen (1. Teil) und biblischen Predigten (2. Teil) wurden ursprünglich vor einer Gruppe von Ordensleuten gehalten und aufgrund vielfacher Nachfrage zunächst nach einer Tonbandaufzeichnung als Manuskriptdruck vom „Centrum Ignatianum Spiritualitatis", Rom, vorgelegt. Für die italienische Buchveröffentlichung „Il vangelo secondo Giovanni nell' esperienza degli esercizi spirituali" (Rom 1980) wurde der Text von P. Stancari redigiert und gestrafft, wo dies – auch aus Gründen des Umfangs – im Hinblick auf einen breiteren Leserkreis geboten schien, jedoch ohne die Unmittelbarkeit des gesprochenen Wortes dabei verändern zu wollen. Nach dieser Vorlage erfolgte die Übersetzung dieser deutschen Ausgabe. – Bei der Zitierung aus dem ignatianischen Exerzitienbuch wurde zugrunge gelegt: Ignatius von Loyola, Geistliche Übungen. Übertragung und Erklärung von Adolf Haas. Mit einem Vorwort von Karl Rahner (Freiburg i. Br. [5]1981).

ERSTER TEIL

Biblische Meditationen nach dem Johannesevangelium

Erste Meditation

Geistliche Einübung für den reifen Christen

Einführung

Dieser Kurs Geistlicher Übungen möchte uns zum wirklichen Hören auf die Botschaft des Evangeliums bringen. Dazu werden wir uns vom vierten Evangelium, dem des Johannes, die Stichworte geben lassen. Es geht dabei nicht um Exegese, noch um eine Anleitung zur Lektüre oder gar um eine lectio continua, eine fortlaufende Lesung des Evangeliums nach Johannes, sondern um ein wirkliches Lauschen auf die johanneische Botschaft. Dabei wollen wir immer den Schlüssel für die Lektüre im Blick behalten, den die ignatianischen Exerzitien uns bieten, sind sie doch nichts anderes als erlebte Aneignung der Botschaft des Evangeliums.

Wir nehmen uns also vor, in einer Atmosphäre des Gebetes auf das Wort Gottes zu hören, insbesondere auf „das Wort" – die frohe Botschaft – des Evangeliums nach Johannes. Ich weiß durchaus, daß diese Wahl ein wenig kühn oder gewagt erscheinen mag, und dies aus verschiedenen Gründen. Zunächst, weil das Evangelium des Johannes, ganz anders als die anderen Evangelien – man denke etwa an Lukas –, nicht viele der Themen zu bieten hat, die in den „Geistlichen Übungen" geläufig sind. Überdies handelt es sich bekanntlich um ein schwieriges Evangelium, voll von Dingen, die man nicht gleich erfaßt. Man liest eine Seite, ein paar Zeilen, man versteht auch im großen und ganzen, worum es im Gesagten geht, aber man erkennt nicht, warum es gerade hier gesagt wird und was es im einzelnen bedeutet. Oft erklären die Bibelkommentare Selbstverständliches, das wir schon erfaßt haben, doch geben sie keine Antwort auf die Fragen, die man sich bei der Lektüre dieses Evangeliums wirklich stellt: Warum besteht der Evangelist hier so sehr auf diesem Thema? usw.

1. Wegweisung zu christlicher Einsicht

Als erstes stellt sich die wichtige Frage: An wen wendet sich das Wort des Johannes?

Tatsächlich geht das Evangelium des Johannes nicht nur über die konkrete asketische Erfahrung hinaus und verlangt eine beachtliche Aufmerksamkeit für die innere Verkettung der verschiedenen Themen, sondern setzt – wie wir gleich zeigen werden – vor allem auch eine geistliche Erfahrung von hohen Graden voraus. Daher ist es denn auch gewiß kein Evangelium für Anfänger, vielmehr ein Evangelium, das die Situation des reifen Christen voraussetzt oder, anders gesagt, die des Gnostikers, des Vollkommenen, des erleuchteten Christen, das heißt die Situation dessen, der schon eine lange geistliche Reifung durchgemacht hat und sich nun nicht mehr so sehr für die Wiederholung gewisser, schon abgetaner Themen interessiert als vielmehr für ihre tiefere Durchdringung.

Gibt es diesen reifen und erleuchteten Christen? Nach dem Neuen Testament *muß* es ihn geben, denn auf ihn zielt die ganze neutestamentliche Verkündigung ab. Ich zitiere ein paar Stellen aus dem Neuen Testament, in denen es um den gnostischen, vollkommenen, reifen, erleuchteten Christen geht. So zum Beipsiel im Römerbrief (15, 14): „Auch ich bin fest davon überzeugt, daß ihr reiche Erkenntnis besitzt", also „gnostische" Christen seid, Christen von Kenntnis. Das ist ein Niveau, das die Christen der ersten Verkündigung gewiß noch nicht erreicht hatten; und doch setzt Paulus jetzt voraus, daß sie zu Gnostikern geworden sind. Auch im 1. Korintherbrief (vgl. 1, 5) sagt der Apostel, daß die Christen von Korinth reich geworden sind an allen Gaben der Rede und der Erkenntnis, das heißt, sie sind reich geworden an „jeglicher Gnosis", an jeglicher Form höheren Erkennens. Man nimmt also an, daß es jetzt diesen gnostischen Christen gibt, der schon einen geistlichen Weg zurückgelegt hat und zu einer gewissen Reife gelangt ist.

Andere Stellen des Neuen Testamentes sprechen von alldem nicht so sehr unter dem Begriff der Gnosis als vielmehr unter dem des „Vollkommenen". So heißt es etwa im Philipperbrief (3, 15): „Das wollen wir bedenken, wir Vollkommenen." Der Brief wendet sich also an Empfänger, die man schon ohne Anmaßung und Überheblichkeit als „vollkommen" charakterisieren zu dürfen glaubt. Auch der Kolosserbrief (1, 28) erwähnt diesen Begriff zweimal: „Ihn (Jesus) verkündigen wir; wir ermahnen jeden Menschen und belehren jeden mit aller Weisheit, um dadurch alle in der Gemeinschaft mit Christus vollkommen zu machen", vollkommen in Christus. Ziel der Verkündigung ist, die Berufenen zu dieser Reife zu führen. Wiederum im Kolosserbrief (4, 12) lesen wir: „Es grüßt euch euer Epaphras, der Knecht Christi Jesu. Immer kämpft er für euch im Gebet, daß ihr vollkommen werdet und ganz durchdrungen seid vom Willen Gottes." In der geistlichen Führung geht es also um die Heranbildung von starken, vollkommenenen, fertigen und ganz zum Willen Gottes stehenden Menschen. Eben darum geht es auch in der Verkündigung des Johannes.

In diesem Zusammenhang noch eine Stelle aus dem Hebräerbrief (6, 1–3): „Darum wollen wir beiseite lassen, was man zuerst von Christus verkünden muß, und uns dem Vollkommeneren zuwenden; wir wollen nicht noch einmal den Grund legen mit der Belehrung über die Abkehr von toten Werken, über den Glauben an Gott, über die Taufen, die Handauflegung, die Auferstehung der Toten und das ewige Gericht; das wollen wir dann tun, wenn Gott es will." Die Verkündigung des Johannes bewegt sich genau auf dieser zweiten Ebene. Man erreicht sie, wenn schon viele andere Dinge bekannt sind und es nur mehr darum geht, zum Kern der Dinge zu gelangen.

Die Stelle, die wohl am besten zusammenfaßt, was die Botschaft des Johannes im Geist des Neuen Testamentes darstellt, findet sich im *1. Korintherbrief* 2, 6–16, vor allem die Verse 6, 7 und 8. Wenden wir uns ihnen kurz zu, um das zu erkennen, was der meditative Rhythmus dieser Verse zu sein scheint, den dann jeder auf sich selbst anwenden kann: „Und doch verkündigen wir Weisheit unter den Vollkommenen, aber nicht Weisheit dieser Welt oder der Machthaber dieser Welt, die einst entmachtet werden. Vielmehr verkündigen wir das Geheimnis der verborgenen Weisheit Gottes, die Gott vor allen Zeiten vorausbestimmt hat zu unserer Verherrlichung. Keiner der Machthaber dieser Welt hat sie erkannt."

Welche grundsätzlichen Hinweise ergeben sich aus diesen Versen?

1. Vor allem gibt es eine Weisheit, die der heilige Paulus verkündigen will: Sie ist dem Jünger eigen, der vor Ei-

fer glüht und erleuchtet ist. Diese Weisheit gibt es also, und sie steht uns zu Gebote, insofern Gott sie uns schenken will.

2. Diese Weisheit ist nicht von dieser Welt. Man kann sie auch nicht durch Lektüre, durch Gespräche, durch Studien und Forschungen erwerben, da sie nicht Frucht menschlicher Tüchtigkeit ist. Sie ist nicht von dieser Welt und wirft für diese Welt nichts ab. Sie ist also auch keine Weisheit, die wir erwerben könnten, um dann vor den Menschen gut zu sprechen: zu predigen, geistliche Unterweisung zu geben ... Sie ist vielmehr eine Weisheit, die jenseits aller Berechnungen liegt, zu denen wir uns versucht fühlen können. Sie ist eine Weisheit für uns, aber eine Weisheit nicht von dieser Welt, noch von den Machthabern dieser Welt, das heißt von all den Mächten – des Gewinns, des Erwerbs und der Tüchtigkeit –, die sie gern in uns sähen, damit wir sie uns zunutze machen wie all die anderen Dinge, deren wir uns bedienen können.

3. Wir wollen vielmehr eine göttliche, geheimnisvolle, verborgene Weisheit verkündigen. Und hier könnten wir näher über diese Eigenschaften „geheimnisvoll" und „verborgen" nachdenken: Es gibt also im christlichen Leben eine Weisheit, die unseren Blicken oft verborgen bleibt, weil sie nicht mit dem identisch ist, was wir tun, noch auch mit den Gedanken, die wir ins Werk setzen. Sie liegt jenseits all dieser Dinge: eine geheimnisvolle und verborgene Weisheit; doch Gott bietet sie uns in unserer Armut an.

Es gibt somit eine christliche Weisheit, aus der jegliche Lebensfülle hervorströmt: die Abgeklärtheit des Geistes, die Fähigkeit, in schwierigen Lagen zu entscheiden, der Mut zu einem christlichen Leben unter widrigen Umständen. Diese Weisheit, die Gott vor allen Zeiten vorausbestimmt hat zu unserer Verherrlichung und die er selber uns sendet, wird uns von seinem Geist offenbart.

Die geistliche Unterweisung des vierten Evangeliums will also *nichts erklären* – sind dies doch keine Dinge, die sich mit Worten erklären lassen –, sondern einen *Weg weisen,* in diese Weisheit einzudringen. Er liegt jenseits aller asketischen Regeln, aller Übungen und aller Gedanken. Das ist die Herzmitte und die Quintessenz eines reifen christlichen Lebens.

Nehmen wir also dieses vierte Evangelium wie eine Art Lehrbuch für das, was wir den „dritten Zyklus" der Einführung in das Christentum nennen könnten. Läßt sich doch der Zyklus des Katechumenats, für den sich das Markusevangelium besonders eignet, als „ersten Zyklus" bezeichnen und als „zweiten Zyklus" entweder die Unterweisung über die Pflichten der Kirche, wofür Matthäus sehr geeignet ist, oder die Unterweisung über das Ereignis des Christlichen in der Weltgeschichte – das heißt die Einbettung des Christentums in die Gesellschaft und die Kultur seiner Zeit und seiner Umwelt –, wozu Lukas und die Apostelgeschichte sich besonders anbieten. Nehmen wir also Markus als ersten Zyklus und Matthäus, Lukas, Apostelgeschichte als zweiten Zyklus der Einführung in das Christentum, der „Katechese", so umfaßt der dritte Zyklus das, was zur mystischen Bildung des innerlichen Christen führt. Es ist zugleich der erste Schritt auf dem Weg zur erfahrenen Vertrautheit mit dem Mysterium Gottes. Darauf erstreckt sich im Neuen Testament etwa die Aufgabe des Paulus, aber besonders die des Johnnes und unter einem anderen Gesichtspunkt die des Hebräerbriefes.

Da es um einen *dritten Zyklus* geht, setzt er die beiden anderen voraus und geht also davon aus, daß vieles schon erledigt ist: Es geht ja darum, weiter vorzudringen und die tiefste Bedeutung dieser Dinge zu erschauen. In diesem Sinn wollen wir uns vom Johannesevangelium führen lassen.

2. Ausgangspunkt der Verkündigung des Johannes

Hier stellt sich jedoch eine zweite und entscheidende Frage: *Wo hat diese Predigt des Johannes ihren Ausgangspunkt?*

Johannes predigt: Er will den vollkommenen Christen heranbilden, den gnostischen Christen, den mit Reichtum, mit Weisheit erfüllten Christen. Wo aber ist nun ganz konkret der eigentliche Ausgangspunkt? Gewiß kann es nicht der bereits vollkommene Christ sein, da dieser keiner Unterweisung mehr bedürfte. Sein Ausgangspunkt ist der „Presbyter", der Älteste, derjenige, der bereits Bildung, Erkenntnis und eine gewisse – sogar ein wenig gehobene – Anfangsfertigkeit in der Ausübung der Alltagstugenden erworben hat und sich nun komplizierteren und schwierigeren Situationen gegenüber sieht, die ihn innerlich hemmen und lähmen.

Um konkreter darzustellen, was der Ausgangspunkt der Predigt bei Johannes ist, wenden wir uns zwei Gestalten zu, die uns im ersten Teil des Evangeliums begegnen: *Nikodemus* und der *Samariterin*. Beide sind tatsächlich nicht so sehr Vertreter der Menschen, die der Evangelist heranformen will, als vielmehr derer, denen er im wirklichen Alltag begegnet. Dazu seien kurz ein paar für diese beiden Personen typische Züge angedeutet.

Nikodemus

In der Nikodemus-Erzählung arbeite ich vier Einzelheiten heraus:

Joh 3,2	„bei Nacht";
Joh 3,2	„Rabbi – Lehrer";
Joh 3,4	„alt" und
Joh 3,4 und 3,9	„wie kann das geschehen?"

1. *Wer ist Nikodemus?* Es handelt sich um einen Mann, der nun am Ziel angelangt ist, oder um einen „Ältesten", einen „Erwachsenen", der schon eine gewisse Laufbahn hinter sich hat, somit gewisse Vorrechte besitzt und sich vor der Welt auch etwas schuldig ist: kurz gesagt, er spürt ein wenig, wie sein Ansehen und seine Stellung auf ihm lasten. Daher fürchtet er, sich eine Blöße zu geben; daher hat er Angst davor, sich dem Wort Gottes offen zu stellen. Er gehört tatsächlich zur Prominenz; er wird von den anderen überwacht, gesehen und beobachtet; deshalb geht er *bei Nacht* zu Jesus.

Das ist es also: Johannes richtet sein Wort an den Ältesten, der schon eine gewisse kirchliche Karriere gemacht hat – das Adjektiv paßt in unserem Fall auch gut auf Laien –, der also schon zu einer gewissen Stellung aufgestiegen ist und nun fürchtet, sich Blößen zu geben; und diese Furcht verwehrt es ihm, auf die neuen Forderungen des Wortes Gottes zu hören.

2. Man beachte, wie Nikodemus in seiner Rede sehr auf den intellektuellen Komponenten besteht: „*Meister* (Rabbi), wir wissen, du bist ein Lehrer, der von Gott gekommen ist"; und Jesus kontert ironisch (3,10): „Du bist Lehrer ...", du brüstest dich damit, Lehrer zu sein. Tatsächlich ist die Situation des Ältesten, der schon eine gewisse Karriere gemacht hat, die eines Menschen, der nun versucht ist, das Geheimnis auf ein Lehre zu reduzieren.

„Ich weiß das", oder: „Ich will das wissen, ich glaube, die Methoden zu kennen, die zu diesem Wissen führen". So ist denn meine Situation die eines Menschen, der entweder etwas weiß und mitteilen will oder nach Wissen strebt mit den normalen, wirksamen Methoden, mit denen das Wissen sich behauptet. In dieser Situation befindet sich Nikodemus. Es ist eine Situation, die sich vor der geheimnisvollen Neuheit des Wortes verschließt.

3. Für Nikodemus lautet die Schwierigkeit: „Wie kann ein Mensch, der schon alt ist, geboren werden?" Für einen Ältesten, der endlich an einem bestimmten Punkt angelangt ist, liegt darin die große Angst: Man kann doch nicht wieder von vorn beginnen. Daher die vielen Schwierigkeiten und die vielen Mißhelligkeiten; denn in Wirklichkeit kann Gottes Wort verlangen, daß man wieder von vorn beginnt. Und das macht Angst.

4. Im Grunde vertraut Nikodemus nur wenig auf Gottes Macht. Er ist ein Mensch mit Erfahrung in der Kirche und weiß, was man machen kann und was nicht. Deshalb sagt er: „Gewisse Dinge sagt man, aber man tut sie nicht." Es ist beachtenswert, wie seine beiden Einwürfe – 3,4 wie auch 3,9 – mit der gleichen Frage beginnen: „Wie kann das eintreten?" (3,4: „Wie kann ein Mensch, der schon alt ist, geboren werden?" 3,9: „Wie kann das geschehen?") Schließlich beachte man den Nachdruck auf dem Können und dem Nicht-Können im zweiten Teil des Verses 3,4: „Wie kann ein Mensch wiedergeboren werden? ... Er kann doch nicht in den Schoß seiner Mutter zurückkehren?" Für ihn stehen somit die Grenzen fest für das, was man kann oder nicht kann: Er ist ein Ältester, der angekommen ist, der sich nun am erreichten Ziel jedem weiteren Verständnis für das Geheimnis Gottes sperrt. Das ist der Mensch, dem Johannes seine Predigt hält.

Die Samariterin

In der *Samariterin* entdecken wir andere Züge, die typisch sind für einen Menschen, dem die johanneische Botschaft gilt. Hier geht es vielleicht um Züge mehr psychologischer Art, aber auch sie sind wichtig. Ich hebe vor allem zwei hervor, die sich aus der einen oder anderen Komponente des Berichts ergeben.

1. Die Samariterin ist ein Mensch mit einer persönlichen, grundlegenden Schwierigkeit: einer sittenwidrigen Situation, die am Ende des Gesprächs zutage tritt. Wie so oft, kommt das Problem zum Vorschein, nachdem man sich zunächst einmal hinter allerlei oberflächlichen Belanglosigkeiten versteckt hat. Jesus sagt ihr: „Du hast richtig gesagt: Ich habe keinen Mann. Denn fünf Männer hast du gehabt, und der, den du jetzt hast, ist nicht dein Mann" (4, 17 f). Daß hier das Problem liegt, wird vom Ausruf der Frau bestätigt: „Kommt her, seht, da ist ein Mann, der mir alles gesagt hat, was ich getan habe" (4, 29), und von dem, was wir 4, 39 lesen: „Viele Samariter kamen zum Glauben an ihn auf das Wort der Frau hin, die bezeugt hatte: Er hat mir alles gesagt, was ich getan habe."

Es zeigt sich, daß der Älteste, dem die Botschaft des Johannes gilt, ein Mensch ist, der in einem gegebenen Augenblick persönliche grundsätzliche Schwierigkeiten haben kann, die vielleicht nicht einmal so schwerwiegend oder aufsehenerregend sind, die sich aber jedenfalls als Sperre erweisen für Situationen, aus denen man nicht herauskommen will, die man vielleicht sogar gern unter allen möglichen Formen nach außen projiziert, da sie immer mit gesellschaftlichen oder milieubedingten Faktoren einhergehen, die aber im Grunde daher rühren, daß man sich im Innersten dagegen sperrt, dem Wort zu lauschen.

2. Ein zweiter Charakterzug der Samariterin enthüllt sich an anderer Stelle (4,11.12 und 15): „Du hast kein Schöpfgefäß, und der Brunnen ist tief; woher hast du also dieses Wasser? Gib mir dieses Wasser, wenn du es hast, damit ich nicht mehr hierher kommen muß, um Wasser zu schöpfen." Hier macht sich Johannes in seiner Art ironisch über dieses Nicht-Verstehen lustig, das die Worte Jesu in alltägliche Nutzwerte ummünzen möchte. In Joh 6,26–27 ließe sich dieselbe Ironie feststellen: „So gib uns immer von diesem Brot." Die Samariterin ist also ein Mensch, der, nachdem er eine gewisse Laufbahn zurückgelegt und sich ausgerechnet hat, was man machen kann und was nicht, alles nur noch unter dem Aspekt der Nützlichkeit sieht, selbst wenn er schließlich seinen Sinn für das Machbare darauf verwendet, für die Kirche oder für das eigene geistliche Leben wie auch für das Wohl anderer den größtmöglichen Vorteil zu erzielen. Solch ein Mensch lebt in den Kategorien des Gebens und des Habens. Sein Geist ist in einen gewissen Organisationskäfig eingezwängt, wobei alles mit dem Maßstab des apostolischen und asketischen, des pastoralen und persönlichen Erfolges gemessen wird: es geht dabei mit anderen Worten darum, daß man für sich und für die anderen zu neuen, überzeugenden Ideen und neuen Intuitionen kommt, aber geflissentlich beiseite läßt, was Geschenk und Hingabe an das Wort ist, jenseits von allem persönlichen Nutzen.

Sollten wir an uns selber diesen oder jenen Zug wiederentdecken, der Nikodemus oder die Samariterin kennzeichnet, so heißt das, daß auch wir zu den Ältesten gehören, denen ganz konkret das Evangelium nach Johannes gilt: Auch uns hat das Evangelium etwas zu sagen.

Zweite Meditation

„Prinzip und Fundament" des Johannesevangeliums

Joh 1, 1–18

Die folgende Meditation richtet sich auf das Thema „Prinzip und Fundament" des Johannesevangeliums. Sie gliedert sich in zwei Abschnitte. Der erste Teil, dem ich ein paar allgemeine Erwägungen zur Wechselbeziehung zwischen ignatianischem „Fundament" und Johannesprolog vorausschicke, läßt sich am besten mit „Ausgangspunkt der johanneischen Predigt" überschreiben. Es geht dabei um eine kurze Betrachtung einiger Aspekte des Johannesprologs, die sich für den Anfang der Exerzitien anbieten. Der zweite Teil, „Zielpunkt", betrifft einen anderen „fundamentalen" Aspekt der Botschaft des Johannes, dem wir uns – wenngleich wir ihn schon erwogen haben – immer wieder neu zuwenden müssen: Wohin will uns Johannes mit seiner Predigt bringen?

Wenn wir uns die Hypothese zu eigen machen, daß – wie schon in der ersten Meditation dargelegt – das vierte Evangelium das Evangelium des vollkommenen, gnostischen Christen ist, erhebt sich die Frage, wieso dann Johannes das Wort „Gnosis" nie verwendet wie auch nicht das Wort „vollkommen", Begriffe, die – wie wir gesehen haben – im 1. Korintherbrief, im Römerbrief und im Hebräerbrief eben dazu dienen, diese besondere Ausprägung des Christlichen zu bezeichnen? Man muß sich also fragen, welche Worte das Johannesevangelium verwendet zur Beschreibung der Situation des hörenden Jüngers und des Weges, den er gehen muß.

Es sind zwei grundlegende Worte, zu denen noch ein drittes kommt, auf die wir uns konzentrieren.

Ein erstes Motiv, mit dem Johannes den Weg des Jüngers umreißt und das dem des Vollkommenen oder der Gnosis bei Paulus entspricht, ist zweifellos das Motiv des Glaubens – als Haltung und als Akt. Wir werden darauf in einer eigenen Meditation eingehen. Das Johannesevangelium schließt mit den Worten: „Diese Dinge sind aufgeschrieben, damit ihr glaubt" (20, 31); der Höhepunkt des Geschehens am Kreuz wird berichtet, „damit ihr glaubt" (19, 35); Jesus betet für die, „die an ihn glauben werden" (17, 20). Das ganze Vokabular des „Glaubens" also, der meines Erachtens nicht ein beginnender, sondern ein ganz besonderer Glaube ist, nämlich der vollkommene, der vertiefte und reife Glaube, liefert Johannes die Begriffe zur Verdeutlichung von Weg und Ziel des Christen.

Außerdem trifft es zu, daß bei Johannes das Wort „Vollkommener" nicht vorkommt: Aber wie in anderen Fällen im Neuen Testament gibt es manchmal das Verb, wo das Substantiv fehlt. Zum Beispiel verwendet Johannes das Verb „glauben", aber nie das Substantiv Glaube. Zweifellos ein interessantes sprachliches Phänomen. So gebraucht Johannes nie das Wort „vollkommen", aber an ein paar ganz wesentlichen Stellen spricht er vom „Vollenden". Das Ziel des ganzen Wirkens Jesu ist, „daß alle vollendet seien in der Einheit" (17, 23). Damit klingt auf andere Weise das paulinische Motiv auf: daß alle vollendet seien zur Einheit, so wie Jesus „das Werk des Vaters vollenden" (5, 36; 4, 34) muß: ein Werk, das Jesus am Kreuz als vollbracht – mit dem Verb „vollenden" – erklärt (19, 28 ff).

Was das Wort „Gnosis" – die Erkenntnis, von der Paulus spricht – angeht, so kommt es unbestreitbar bei Johannes nicht vor, ebensowenig das Wort „Weisheit". Doch es gibt das Verb „erkennen" (gignoskein), das so gebraucht wird, daß es praktisch auf „Gnosis" oder höhere Erkenntnis hinausläuft. Es gibt eine ganze Reihe von Stellen, an denen Johannes uns durch die Verwendung des Verbs „erkennen" dartut, welche Art von reifer Erkenntnis er mit seiner Unterweisung anstrebt. Von vielen Stellen sei vor allem angeführt: „Ich kenne meine Schafe, und die Meinen kennen mich" (10, 14 f). Dies ist die tief innerliche, endgültige Erkenntnis, um die es in der Predigt des Johannes geht.

1. Wechselseitige Beziehung zwischen ignatianischem Fundament und Johannesprolog

Im „Prinzip und Fundament" der Geistlichen Übungen (Nr. 23) gibt der heilige Ignatius dem Exerzitanten für den Anfang ein paar grundlegende Anstöße, die dann weiterentwickelt werden. Dem Christen, der unter seiner Leitung den Weg des Geistes gehen will, bietet Johannes eine ganz breit angelegte theologische Ausgangsposition – ganz breit angelegt, weil sie schon die weiteren Entwicklungsstufen enthält: Es handelt sich um den Prolog (1, 1–18), der gleichsam das „Prinzip und Fundament" des Johannesevangeliums ist. Ich verwende diesen Ausdruck, weil mir einige Analogien zwischen diesen beiden Texten auffallen, die doch offenbar in vielerlei Hinsicht recht weit auseinander liegen. Eine erste Analogie: Beide Texte sind nachträglich geschrieben. Ignatius verfaßte sein „Prinzip und Fundament", als der Aufbau der Übungen ihm schon klar war; Johannes schreibt seinen Prolog oder, was wahrscheinlicher ist, übernimmt und ergänzt ihn aus anderen Quellen, als er schon sein Gesamtwerk klar vor sich sieht.

Folgende zweite Analogie ist festzustellen: Beide Texte sind aus dem Bedürfnis entstanden, dem Ganzen einen Rahmen vorauszuschicken. An sich könnte man das Buch der „Geistlichen Übungen" auch ohne „Prinzip und Fundament" lesen und verstehen. Doch dieser Rahmen „Prinzip und Fundament" bietet eine große Hilfe zur Orientierung und zum tieferen Verständnis und erlaubt eine leichtere Einordnung der Einzelheiten. So könnte man, wie mir scheint, auch die Botschaft des Johannes ohne den Prolog verstehen. Aber der Prolog liefert den Rahmen und die Beziehungspunkte, von denen aus sich der Grund für das Bestehen auf dem, was im folgenden gesagt wird, besser erkennen läßt.

Eine dritte Analogie: Wie „Prinzip und Fundament" enthält auch der Prolog schon irgendwie die späteren Entwicklungsstufen. Bei Ignatius ist in „Prinzip und Fundament" alles einbezogen. Denn wenn jemand akzeptiert, daß er von Gott abhängt und zu ihm hinstreben muß und daß er darum in seinen Entscheidungen immer das suchen muß, was ihn Gott näher bringt, dann hat er bereits die „Geistlichen Übungen" gemacht, hat er ihr Hauptziel erreicht. Was noch fehlt, ist, daß er sich all dies im Herzen zu eigen macht; ein Aneignungsvorgang, der in der Teilnahme am Mysterium Christi – Leben, Tod und Auferstehung – geschieht. Im Grunde bietet „Prinzip und Fundament" jedoch schon den Endpunkt der Entwicklung, das heißt, in einer großen Zusammenfassung enthält es die einzelnen Entwicklungsstufen. Ebenso sagt Johannes mit dem Satz: „Das Wort hat unter uns gewohnt" schon alles, was wir dann in seinem Evangelium finden. Was noch fehlt, ist, daß man diesem Wort, das unter uns wohnt, den rechten Platz einräumt. So ist das ganze Evangelium eine geistliche Unterweisung, die uns auffordert, die Folgen anzuerkennen, die sich aus der Anwesenheit des Wortes unter uns ergeben: Was heißt das, „dem Wort unter uns einen Platz einräumen"?

Betrachten wir nun den Johannesprolog, wie wir ihn gekennzeichnet haben, als Vorwort zur Unterweisung des Ältesten, das heißt als Orientierungsrahmen, sowohl was den Ausgangs- wie den Zielpunkt der Predigt des Johannes betrifft.

Versuchen wir zunächst, die verschiedenen Bedeutungen zu erfahren, die das Wort „logos" haben kann. Es spielt im Ablauf des Dramas, das in den achtzehn Versen des Prologs kurz umrissen ist, gleichsam die Hauptrolle. Der Begriff „logos" läßt einen schier verzweifeln, ist es doch wohl das griechische Wort mit den meisten Bedeutungen: Geist und Verstand, Grund, Abrechnung und viele andere, weltenweit auseinanderliegende Bedeutungen.

Man muß sich fragen, warum Johannes gerade dieses Wort gewählt hat und nicht andere, die präziser sind. Warum hat er, zum Beispiel, wenn er das „Wort Gottes" meinte, nicht „rhema", Ausspruch, gewählt, einen Begriff, der zur Bezeichnung gerade des schöpferischen Gotteswortes am geeignetsten gewesen wäre? Wenn er „Weisheit" meinte, warum hat er nicht „sophia" oder andere Ausdrücke von ähnlicher Bedeutung gewählt? Statt dessen befinden wir uns geradezu vor einem Wirrwarr von Bedeutungen. Allerdings erscheint es mir nützlich, die wichtigsten davon näher zu betrachten, ohne uns dabei auf das Gebiet der Exegese begeben zu wollen, wohl aber auf das unserer existentiellen Meditation. Vielleicht hat Johannes uns sogar mit einem wie durchs Fernrohr gerafften Blick auf all diese Bedeutungen eine Art von Leiter bauen wollen, auf der wir Stufe um Stufe dorthin emporsteigen könnten, wohin er uns bringen will.

Für einen Griechen war die klarste Bedeutung, die er sich aus dem breit gestreuten philosophischen Spektrum zu eigen machte, die des Logos aller Dinge, das heißt des letzten Seinsgrundes der Wirklichkeit. Bestehen die Exegeten normalerweise auch nicht auf dieser Bedeutung, weil sie der Ansicht sind, der johanneische Logos sei eher von der Weisheitsliteratur her bestimmt oder komme ganz allgemein aus dem Alten Testament, so kann man sich nicht vorstellen, ein Ältester aus dem damaligen Ephesus, der ganz absolut vom Logos reden hörte, habe nicht an den letzten Seinsgrund der Dinge, an das Warum der Welt gedacht und dann nicht hier mit seiner Betrachtung begonnen. So führe ich fünf Grundbedeutungen an: 1. Seinsgrund der Wirklichkeit; 2. schöpferisches Wort: Gott hat alles durch sein Wort erschaffen; 3. Weisheit, die die Schöpfung regiert, also verfügende Weisheit; 4. erleuchtendes und lebenspendendes Wort; 5. offenbarendes Wort: Gottes Sohn kommt zu uns in Jesus – wird Mensch –, und Jesus ist es, der den Vater offenbart.

Johannes hat nach meinem Dafürhalten die ganze Reihe dieser fünf Begriffe im Blick – mit anderen, die man vielleicht noch hinzufügen könnte –, so als ob sie der Reihe nach geordnet einer im anderen steckten. Deshalb wollen wir uns ihnen nacheinander zuwenden und so den Plan des Johannes nachzeichnen.

Seinsgrund aller Dinge

Der letzte Grund meines Daseins, wie es in Gott ist. Das ist gewiß eine erste, vielleicht miteingeschlossene, aber ganz unmißverständliche Aussage, bei der der Älteste beginnen muß. Mein Dasein hat so, wie es ist – und damit die ganze Situation des Menschen –, einen Grund, ein Warum, einen Sinn. Dieser letzte Sinn liegt in Gott.

Schöpferisches Wort

Worauf beruht dieser letzte Sinn alles Wirklichen, aller Dinge, meiner menschlichen Situation? Er beruht auf der Abhängigkeit von Gott, einer Abhängigkeit, die man mit Ignatius im Lob und in ehrfürchtiger Ergebung anerkennen muß. Wenn der Seinsgrund aller Dinge ein schöpferisches Wort Gottes ist, dann ist dieses Gespür für die totale Abhängigkeit von Gott die Grundhaltung, auf der man die anderen aufbauen kann und ohne die sich überhaupt nichts Geistliches aufbauen läßt.

Verfügende Weisheit

Bei Gott liegt nicht nur der letzte Grund des Seins aller Dinge, sondern auch der ihres „Hier- und Jetzt-“Seins. Das heißt: Alle Daseinssituationen, alles, „was geworden ist“ und noch wird, hat in Gottes verfügender Weisheit einen Sinn. Die ganze Welt, von der in Vers 9 die Rede ist, hat diesen Sinn.

Dieser Gedanke reicht sehr weit und schafft Klarheit; denn von ihm her gesehen, ist keine menschliche Situation sinnlos, mag sie anscheinend auch noch so seltsam sein. Meine eigene menschliche Situation, die Situation der Menschheit und der Welt, die Situation der Kirche:

alle haben sie in Gottes verfügender Weisheit ihren Sinn. Nur wenn man darauf vertraut, kann die Heranbildung des gereiften Christen beginnen. Fehlt dieses Vertrauen, so beginnt man mit Bitterkeit und Abscheu und bleibt Opfer des Grauens, das uns beim Anblick des grenzenlosen Chaos erfaßt.

Bei Gott liegt somit der letzte Grund aller Situationen des Seins, der Grund dafür, daß die Welt heute so ist.

Licht und Leben spendendes Wort

Dieser Seinsgrund ist der Logos als Licht (phos) und Leben (zoë); alles hat einen Sinn, und dieser Sinn ist lichtvoll und spendet Leben. Das besagt, trotz des Dunkels, in dem sich der Mensch zur Zeit befindet, trotz der menschlichen Tragödie, die uns umgibt, trotz der Prüfungen, die über die Kirche gekommen sind, und der absurden Situationen, in denen die Welt sich befindet und auch wir uns befinden können, ist allem ein Euangelion, eine Frohbotschaft, vorgegeben, die uns versichert, daß es für all dies einen lichtvollen und lebenspendenden Sinn gibt, wenn wir ihn nur erfassen und uns von ihm verwandeln lassen wollten.

Offenbarendes Wort

Die Worte Jesu, die wir aus der Schrift vernehmen, und er selbst ganz persönlich machen den lichtvollen und auferbauenden Sinn der ganzen menschlichen Erfahrung aus, so wie wir sie wahrnehmen. Das ist die sichere – und notwendige – Voraussetzung, auf der der ganze weitere Bau beruht. Ohne dieses Grundvertrauen in die schöpferische Weisheit, die die Augenblickssituationen lenkt und sich in Christus als „Evangelium" bekundet, darf man nicht hoffen, daß man sich bessert, sich ändert, und darf man nicht hoffen für die Welt. Unsere Hoffnung beruht tatsächlich ganz und gar darauf, daß alles seine Wurzeln im letzten Grunde hat, der Gottes Schöpfung und Jesu Christi Gegenwart unter uns ist. Jesus Christus ist es, der uns Gottes Wort offenbart und in der Welt eine Situation der Wahrheit und der Gnade schafft: Jesus, „voll Gnade und Wahrheit" (1, 14).

Das ist die Haltung, die wir dem Johannesevangelium gegenüber einnehmen müssen – sie entspricht übrigens ganz der festen Grundlage und Stütze, die Ignatius mit seinem „Prinzip und Fundament" bieten wollte. Es ist eine Haltung, die von dem Gespür dafür getragen ist, daß alles von Gott kommt und zu Gott führt und daß unser Tun sich sinnvoll, vernünftig und zu Recht dieser Bewegung anschließen kann, ganz gleich, wie es im Augenblick um uns steht.

2. Zur Freundschaft mit dem Herrn gelangen

Wenden wir uns nun dem Zielpunkt der Predigt des Johannes zu. Wir haben ihn schon umrissen als Heranbildung des reifen, des erleuchteten Christen, des Gnostikers, das heißt des Christen, der den Sinn des Glaubens erfaßt hat. Ich möchte jedoch das Bild dieses Christen jetzt auf eine Weise zeichnen, die mir noch stärker der Intention des Johannes zu entsprechen scheint und uns daher – als solche – eine noch praxisnähere Sicht für die Lektüre seines Evangeliums vermitteln kann.

Ich gehe davon aus, daß im Johannesevangelium – es ist das Evangelium der Symbole, der Bilder und Vergleiche – der zweite Teil (Kapitel 13–21) den ersten Teil (Kapitel 1–12) verdeutlicht. Vor allem in den Reden der Kapitel 13–17, wo es von Jesus heißt: „Jetzt redest du offen und sprichst nicht mehr in Gleichnissen", müssen wir den Sinn der vorausgehenden Zeichen suchen und finden. Bei diesen Reden beziehe ich mich besonders auf die Stelle – man könnte auch andere wählen, doch meine ich, diese führt uns am besten zu unserem Thema – Joh 15,15: „Ich nenne euch nicht meine Knechte. Vielmehr habe ich euch Freunde genannt." Mir scheint, hier ist das Ziel der geistlichen Unterweisung, der Johannes den Jünger unterzieht, konkret formuliert: Das Wort findet bei uns Aufnahme in der geheimnisvollen Herzensnähe der Freundschaft.

Christusfreunde

Das Wort „Freund" kommt im Neuen Testament nicht oft vor, man findet es zur Verdeutlichung von Alltagssituationen. Nur der Evangelist Johannes bedient sich der Worte „philos" (Freund) und „philein" (in Freundesliebe zugetan sein) im Hinblick auf die Beziehung zu Christus. Daher kann es interessant sein, der Bedeutung dieses Ausdrucks, der eines der Ziele der Predigt des Johannes angibt, einmal nachzugehen und uns zu fragen, was für Gestalten bei Johannes die Freunde des Herrn sind, die er uns konkret vor Augen stellt, um uns ganz plastisch zu zeigen, wohin er uns führen will. Dann entdecken wir, daß das vierte Evangelium uns eine Sammlung von Bildnissen der Freunde des Herrn präsentiert, die, jedes auf seine Art, Aspekte der engen Freundschaft mit dem Wort unter uns verdeutlichen. Es sind Gestalten, die man betrachen sollte entsprechend der ignatianischen Anweisung: „hinschauen, sehen, hören, Nutzen daraus ziehen".

Was sind das für Freunde? Ich greife vor allem fünf

Namen heraus, denen man noch andere beifügen könnte, wenngleich diese mir die wichtigsten zu sein scheinen, weil sich entweder die Worte „philos" oder „philein" ausdrücklich auf sie beziehen, oder weil ein Phänomen der Freundschaft mit Christus zutage tritt, das geeignet ist, einen Aspekt der Beziehung des Christen zu Jesus zu verdeutlichen.

Wer ist der Freund, der uns zuerst unter diesem Namen vorgestellt wird? Es ist *„der Freund des Bräutigams"*, nämlich *Johannes der Täufer* (3, 29), der sich über das Nahen des Bräutigams freut. Er freut sich, auch wenn er seine unverhüllte Gegenwart nicht deutlich sieht, auch wenn er vor der Tür bleibt. Doch er freut sich nichtsdestoweniger, denn, wie er versichert, „er muß wachsen, ich aber muß kleiner werden" (3, 30). Hier findet sich ein wesentlicher Zug der Freundschaft mit Jesus, der einen interessanten Vergleich mit der Gestalt des Nikodemus ergäbe. Während Nikodemus ganz mit sich beschäftigt ist, mit seiner eigenen Situation und dem erreichten Prestige, freut sich Johannes, weil der andere sich durchsetzt: Der andere wächst, und er nimmt ab.

Das zweite Beispiel einer Freundschaft, das im Text zuerst kommt, auch wenn Johannes tatsächlich schon im Prolog erwähnt wird, ist das der beiden *Jünger des Johannes,* die Jesus in seiner Klause bei sich aufnimmt: „Kommt und seht! Da gingen sie mit und sahen und blieben jenen Tag bei ihm" (1, 38 f). Hier finden wir ausgedrückt, was Markus von den Zwölf insgesamt sagt: Jesus erwählt sie, um sie „bei sich zu haben" (Mk 3, 14). Hierin liegt ein anderer Zug der Freundschaft mit Jesus: auf Dauer bei ihm verweilen aus freien Stücken und sich mit ihm seiner Klause erfreuen.

An dritter Stelle steht eine Doppelgestalt: *Marta und Maria.* Jede von ihnen bringt einen besonderen Zug der

Freundesbeziehung zum Ausdruck. Maria steht hier – ganz anders als in der Darstellung des Lukas – für das liebevolle Dienen: sie ist es, die Jesus zweimal die Füße salbt. Marta geht ihm als vertrautem Freund entgegen und redet schlicht und offen mit ihm in einem Zwiegespräch, das Hören und Vertrauen bestimmen. Hier ließe sich auch der Unterschied zur Samariterin herausstellen. Während die Samariterin völlig befangen ist und ihre Aussagen, eine nach der anderen, vorsichtig abwägt, ohne sich eine Blöße zu geben, ohne die Hauptsache auch nur zu berühren, redet Marta Jesus gleich mit größter „parrhesia", freimütigstem Vertrauen, ganz geradeheraus an: „Herr,wärst du hier gewesen, dann wäre mein Bruder nicht gestorben. Aber auch jetzt weiß ich: Alles, worum du Gott bittest, wird Gott dir geben" (Joh 11,21 f). Marta steht in unmittelbarem Einvernehmen mit dem Herrn, das es ihr ermöglicht, die Dinge, die sie auf dem Herzen hat, ganz ungetrübt mitzuteilen.

Die vierte Gestalt ist *Lazarus,* von dem es ausdrücklich heißt: den du liebhast, „der, den Jesus liebte" (11,3; 11,36), oder „der Freund" (11,11) Jesu. Während man in den andern Fällen sehen kann, wie sich die Liebe zu Jesus äußert – Johannes bahnt ihm den Weg, die beiden Jünger bleiben gern bei ihm, Maria dient ihm, Marta pflegt mit ihm das vertraute Gespräch –, ist es bei Lazarus schwer festzustellen, worin das besondere Kennzeichen seiner Freundschaft besteht; denn Lazarus tut nichts: er redet nicht, er handelt nicht, man weiß nicht, wer er ist, und er wird nicht genau charakterisiert. Wenn wir also auch hier eine Eigenart entdecken wollen, so wäre es – da Lazarus nichts tut – die, daß Jesus alles tut: Jesus ist es, der sich seine Freunde aussucht, und man braucht sich nicht durch eine Besonderheit auszuzeichnen, denn die erste Besonderheit der Freundschaft besteht darin, daß man sich aussuchen läßt: „Nicht ihr habt mich erwählt, sondern ich habe euch erwählt" (15, 16). Man beachte auch, daß diese Stelle unmittelbar auf den Vers 15 folgt, der eine entscheidende Aussage über die Freundschaft enthält. Lazarus stellt meines Erachtens jemand dar, den Jesus liebt, weil Jesus es so will, und der Jesu ersten Schritt in diese Richtung akzeptiert.

Die fünfte Gestalt, die alle anderen übertrifft, gibt der Jünger ab, der als Ältester, als Gereifter im Glauben, hört und seinen Weg macht: Es handelt sich um den *„Jünger, den Jesus liebte"*, von dem öfter die Rede ist (13, 23; 19, 26; 21, 7; 21, 20). Warum diese geheimnisvolle Gestalt? Ganz sicher hat sie im Rahmen der Botschaft des vierten Evangeliums den Stellenwert eines Zielpunktes. Sie läßt uns erkennen, wie uns die Zustimmung zum Geheimnis der Menschwerdung bis hin zu der innigen Gemeinschaft mit dem Herrn führen muß, die vor allem beim Letzten Abendmahl und in der Schlußszene des Evangeliums beschrieben wird (Kap. 21).

Zu erwähnen ist schließlich noch eine Gestalt, auf die ebenfalls die Worte „philein" und „agapan" angewandt werden: *Petrus.* Er steht im Zwiegespräch des Schlußkapitels (21, 15 ff) – das vielleicht die Stelle des Neuen Testaments ist, an der die Verben „philein" und „agapan" am häufigsten vorkommen – für die Liebe des Apostels – während der „Jünger, den Jesus liebte", eher das mystische Vertrautsein mit dem Herrn vertritt, ein Mensch, der das Geheimnis des Wortes tief im Herzen begriffen hat – für die Liebe, die das Geheimnis intuitiv erfaßt und sich dann dem apostolischen Dienst widmet.

Es ist deutlich geworden, daß diese Botschaft des Johannes tatsächlich nicht darauf abzielt, eine Theorie aufzustellen oder ein System schlüssiger, lehrhafter Thesen. Doch drängt sie uns dazu, zum Herrn ein neues inniges, vertrautes Verhältnis zu erwerben, das weder der Glaubensschüler noch der Jünger des zweiten Einführungszyklus schon besaßen. Beide hatten ja noch ganz damit zu tun, vieles zu lernen und zahlreiche Vorschriften zu beachten. Nun aber zeichnet sich die Möglichkeit einer wahrhaft neuen Beziehung ab, die es zu pflegen gilt, uns aber in Wirklichkeit von Gott selbst als Geschenk bereitgestellt wird.

Dritte Meditation

Die Feinde Jesu

Das Johannesevangelium berichtet nicht nur von Freunden, sondern auch sehr ausführlich von Feinden des Herrn. Es ist ein realistisches Evangelium, das von Anfang an dem Licht die Finsternis gegenüberstellt und das Thema des Widerstands gegen Jesus entfaltet.

Wir müssen uns nun auf die Hindernisse besinnen, die sich der Gegenwart Jesu unter uns in den Weg stellen, soweit das vierte Evangelium davon berichtet. Diese Meditation entspricht in etwa der „Über die drei Sünden“, die die erste Meditation der ersten Woche der „Geistlichen Übungen“ (Nr. 45–54) ist.

Ich nehme diese Betrachtung in drei Abschnitten vor:

1. Der erste Teil erstreckt sich auf einige Johannestexte, in denen die Feinde auftreten. Wir beschränken uns dabei auf Stellen bis hin zum 10. Kapitel, um nicht in den Themenkreis der Passion zu geraten. Es geht dabei nur um Beispiele, zu denen sich noch andere anführen ließen. Unsere Reihe fängt mit Kapitel 5 an, da dort die großen Auseinandersetzungen beginnen, die dann vor allem Inhalt der Kapitel 7 und 8 sind.

2. Der zweite Teil soll dazu dienen, den ganzen Stoff umzukehren und die Frage nicht so sehr von den Feinden Jesu her zu sehen als vielmehr von Jesus selbst. Wenn wir die Vorwürfe gehört haben, die die Feinde Jesus machen, wird es darum gehen, auf das zu achten,

worüber Jesus Klage führt und was er seinerseits den anderen zum Vorwurf macht.

3. Im dritten Teil schließlich betrachten wir eine Einzelbegebenheit, in der Jesu Zorn gegenüber anderen zum Ausbruch kommt. Es ist die Tempelreinigung, die uns erlauben wird, unsere Gedanken konkreter werden zu lassen.

1. Sichverschließen, das zur Feindschaft führt

Wer sind also die Feinde des Herrn? Dazu halten wir uns an eine Reihe von Textstellen, die ich in vier Gruppen zusammengefaßt habe.

Im Kapitel 5 erscheinen zum erstenmal diejenigen als Feinde Jesu, die ihn der Sabbatschändung anklagen: Deshalb verfolgten ihn die Juden, „weil er das an einem Sabbat getan hatte" (5,16). Wir stehen hier einer Gruppe gegenüber, die wir „Integristen" oder Formalisten nennen könnten. Sie stoßen sich an Jesus und nehmen den Kampf mit ihm auf, ohne ihm Gehör zu schenken.

Eine zweite Szene, in der Jesus Ablehnung erfährt, wird uns in 7,32 wie auch in dem einen oder anderen der folgenden Verse geschildert: „Die Pharisäer hörten, was die Leute heimlich über ihn redeten. Da schickten die Hohenpriester und Pharisäer Gerichtsdiener aus, um ihn festnehmen zu lassen." Die hier deutlich werdende offene Ablehnung Jesus gegenüber führt zu dem Versuch, ihn gefangenzusetzen. Der Grund für diese Ablehnung rührt vom Hören auf die in 7,31 wiedergegebenen Reden der Leute: „Aus der Menge kamen viele Leute zum Glauben an ihn; sie sagten: Wird der Messias, wenn er kommt, mehr Zeichen tun, als dieser getan hat?"

Von dieser Ablehnung ist auch noch in 7,46ff die Rede, als die zu seiner Festnahme ausgesandten Knechte Furcht gehabt und ihn nicht festgenommen haben. Deshalb entschuldigen sie sich mit den Worten: „Noch nie hat ein Mensch so gesprochen. Da entgegneten ihnen die Pharisäer: Habt auch ihr euch in die Irre führen lassen? Ist etwa einer vom Hohen Rat oder von den Pharisäern zum Glauben an ihn gekommen? Dieses Volk jedoch, das vom Gesetz nichts versteht, verflucht ist es. Nikodemus aber, der ihn früher einmal aufgesucht hatte, sagte zu ihnen: Verurteilt etwa unser Gesetz einen Menschen, bevor man ihn verhört und festgestellt hat, was er tut? Sie erwiderten ihm: Bist du vielleicht auch aus Galiläa? Lies doch nach: Der Prophet kommt nicht aus Galiläa."

Wie ist diese Art der Ablehnung Jesu zu charakterisieren? Zweifellos handelt es sich hier anfänglich um eine Art von *Neid*. Die Leute feiern Jesus, folgen ihm und wenden sich von den Pharisäern ab. Dann *verschließt* man sich mit der Zeit immer mehr dem Wirken Gottes bis hin zu der Aussage: „Gott kann nicht mit ihm sein; es ist unmöglich, daß Gott so handeln sollte: Ein Prophet kommt nicht aus Galiläa." Diese Feinde Jesu sind diejenigen, die an Gottes Wirken ihr eigenes Maß von Möglich und Vernünftig anlegen und nichts gelten lassen, was darüber hinausgeht; deshalb verdammen sie Jesus, der nicht in ihr inneres Schema paßt.

Eine dritte Begebenheit finden wir in Kapitel 8,48.52f. Hier erweisen sich diejenigen als Feinde Jesu, die gegen ihn den Vorwurf der Besessenheit erheben: „Da antworteten ihm die Juden: Sagen wir nicht mit Recht: Du bist ein Samariter und von einem Dämon besessen? ... Da sagten die Juden zu ihm: Jetzt wissen wir, daß du von einem Dämon besessen bist. Abraham und die Propheten sind gestorben, du aber sagst: Wenn jemand an meinem Wort festhält, wird er auf ewig den Tod nicht erleiden. Bist du etwa größer als unser Vater Abraham? Er ist gestorben, und die Propheten sind gestorben. Für wen gibst du dich aus?" Um diesen Vorwurf, wie Johannes ihn uns darstellt, zu verstehen, ist es wichtig, auch die vorausgehenden Verse 44–46 zu lesen, in denen Jesus zuerst Anklage erhebt. (Wir werden auf diese Verse auch im zweiten Teil der Meditation zurückkommen.) „Ihr habt den Teufel zum Vater, und ihr wollt das tun, wonach es euren Vater verlangt. Er war ein Mörder von Anfang an. Und er steht nicht in der Wahrheit; denn es ist keine Wahrheit in ihm. Wenn er lügt, sagt er das, was aus ihm selbst kommt; denn er ist ein Lügner und ist der Vater der Lüge. Mir aber glaubt ihr nicht, weil ich die Wahrheit sage. Wer von euch kann mir eine Sünde nachweisen? Wenn ich die Wahrheit sage, warum glaubt ihr mir nicht? Wer aus Gott ist, hört die Worte Gottes; ihr hört sie deshalb nicht, weil ihr nicht aus Gott seid."

Die Ablehnung, wie sie sich hier darstellt, entspringt den Vorwürfen Jesu. Er erhebt gegen diese Leute den Vorwurf der Heuchelei, der Lüge, und das erregt ihre ganze Empörung; deshalb gehen sie zum Gegenangriff über und verschließen sich seinem Wort. Hier erhascht man einen Blick auf das ganze Mißbehagen und die ohnmächtige Wut, die einen packen, wenn man sich Protest oder Kritik gegenüber sieht; dann überlegt man nicht mehr, was an den erlittenen Vorhaltungen wohl gerecht und begründet sein könnte, sondern setzt sich zur Wehr, indem man sich auf den Ankläger stürzt.

Schließlich wenden wir uns noch den Stellen 8,58f und 10,31–33 ein wenig zu: Feinde Jesu sind diejenigen, die ihn steinigen wollen. Sie versuchen es deshalb, weil

Jesus auf neue und unverständliche Art von seiner Beziehung zum Vater spricht. Das Thema der Ablehnung drückt sich hier aus als ein Sichverschließen vor dem Geheimnis der Person Jesu und dem Geheimnis des Vaters, Gottes, der sich in ihm offenbart. Diese Begebenheiten sind bezeichnend für ein und denselben Wesenszug der Sünde: für das Sichverschließen der Wahrheit gegenüber, das heißt für die Unduldsamkeit der Wahrheit gegenüber, die Unduldsamkeit dem Worte Gottes gegenüber ist, weil es neu und anders ist und unser Denken auf den Kopf zu stellen vermag. Das ist zweifellos ein Thema, das uns zittern lassen muß, wenn wir es wirklich auf uns anwenden.

Es sei noch hinzugefügt, daß all diese Ablehnung auf die Person Jesu konzentriert ist. Er ist nicht nur der Schlüssel zur Freundschaft mit Gott, sondern auch zur Sünde. Wir stehen hier vor einem Geheimnis, das man nicht mit Worten erklären kann, in das wir uns aber wenigstens betrachtend vertiefen sollten.

2. „Ohne Grund hassen sie mich"

Versuchen wir jetzt, diese geheimnisvolle Ablehnung Jesu näher zu bestimmen, indem wir die Perspektive wechseln und uns fragen: Was hat Jesus an seinen Gegnern zu tadeln? Welche Vorwürfe macht er ihnen? Wiederum von Kapitel 5 ausgehend, halten wir uns dazu an eine Reihe von Stellen, die ich in drei Hauptgruppen zusammengefaßt habe.

Eine erste Reihe von kurzen und bündigen Vorwürfen, die Jesus seinen Gegnern macht, findet sich in 5,37f und 42–44. 37f: „Der Vater, der mich gesandt hat, hat über mich Zeugnis abgelegt. Ihr habt weder seine Stimme gehört noch seine Gestalt je gesehen, und auch sein Wort bleibt nicht in euch.“ Hier erhebt sich die Frage, wieso das ein Tadel sein könne – „ihr habt die Stimme Gottes nie gehört noch seine Gestalt gesehen“. Wenn für die Juden Gott absolut unsichtbar ist, wie kann man dann einem von ihnen vorwerfen, er habe Gott nicht gesehen? Dagegen ist die Anklage ganz schwerwiegend, soweit sie das Hören auf das Wort betrifft: Ihr habt die Bibel gelesen, kennt sie auswendig und habt doch nie ihr Wort vernommen. Das ist ein Vorwurf, der die Einstellung der frommen Juden, mit denen Jesus zusammenstößt, zutiefst trifft. Im zweiten Teil von Vers 38 erhalten wir näheren Aufschluß: „Ihr glaubt dem nicht, den er gesandt hat.“ Gott kann man nicht sehen, aber man sieht ihn in der Person Jesu. Die Haltung, die man ihm gegenüber einnimmt, entspricht der, die man dem Wort gegenüber einnimmt, das Gottes Absicht und ureigenstes Geheimnis ist. Wenn sie Jesus nicht erkennen und nicht an ihn glauben, so liegt das daran, daß sie das Wort nicht vernommen haben; und da sie Gottes Stimme nicht gehört haben, erblicken sie auch sein Antlitz nicht, das in seinem Gesandten offenbar geworden ist.

Vers 44: „Wie könnt ihr zum Glauben kommen, wenn ihr eure Ehre voneinander empfangt, nicht aber die Ehre sucht, die von dem einen Gott kommt?“ (Der Urtext hat an dieser Stelle gelitten. Man beachte, daß viele Handschriften das Wort „Gott“ auslassen, was dann „vom Einzigen“, „nur von dem Einen“ ergibt.) Es geht hier also um die *eitle Ruhmsucht* dieser Leute. Man könnte das für einen Gemeinplatz halten: Wie kann denn aus eitler Ruhmsucht totale Ablehnung der Person Jesu entstehen? Dennoch ist das für Johannes sicherlich ein wichtiger

Punkt. Dieser Hang, einander mit gegenseitigem Lob beizustehen – „ich lobe dich, denn du lobst mich" –, ist in der Gruppenwirklichkeit weit verbreitet, vor allem wenn es um etablierte Gruppen geht: man denke z. B. an gewisse Gepflogenheiten im akademischen Bereich oder in der Welt der Wissenschaft. In unserem Zusammenhang erkennt man in diesem Hang einen der Hauptgründe, die uns hindern, uns vom Einfluß fremder Meinung frei zu machen und dann wirklich an Jesus zu glauben. Wie gesagt, mag dieses Motiv der Ruhmsucht uns vielleicht ein wenig banal erscheinen. Eher würden wir sie manchmal als eine gewisse Hilfe für das weitere Vorankommen ansehen. Hier sieht man sie allerdings in ihren schlimmsten und gefährlichsten Wurzeln, so daß im Kapitel 12,41–43 bei der Zusammenfassung des Lebenswerkes Jesu eben dieses Thema wieder aufgegriffen wird: „Das sagt Jesaja, weil er Gottes Herrlichkeit gesehen hatte; über ihn nämlich hat er gesprochen. Dennoch kamen sogar von den führenden Männern viele zum Glauben an ihn; aber wegen der Pharisäer bekannten sie es nicht offen, um nicht aus der Synagoge ausgestoßen zu werden"; und dann das Schlußwort: „Denn sie liebten das Ansehen bei den Menschen mehr als das Ansehen bei Gott." Das heißt, daß dieses Thema, das sich lediglich auf einen Fall von harmloser Eitelkeit zu beziehen scheint, in Wirklichkeit ein bis an die Wurzeln unserer Beziehung zu Gott und zu den anderen reichendes Problem ist. Es betrifft gerade den Ältesten, den Fortgeschrittenen; denn wer noch unerfahren ist und keinen Ruf hat, ist nicht eitel; er hat nichts zu verteidigen und kann daher leicht aufgeben, was er nicht besitzt. Doch wenn sich an einem bestimmten Punkt schon ein gewisses Netz von Beziehungen und Gewohnheiten gebildet hat, verfängt man sich praktisch in ihm und läuft Gefahr, daß die Freiheit, wirklich das Wort Gottes zu hören, abgewürgt wird. Eben deshalb besteht Johannes so sehr auf diesem Punkt, auf den er die Blindheit der Feinde Jesu zurückführt, von denen einige dachten: „Vielleicht hat er recht; jedoch keiner sagt das, niemand bekennt Farbe, also halte ich auch den Mund."

Im *8. Kapitel, Vers 44 und 47* findet sich eine zweite Reihe von Vorwürfen Jesu: „Ihr habt den Teufel zum Vater, und ihr wollt das tun, wonach es euren Vater verlangt. Er war ein Mörder von Anfang an." Eine Anklagerede voller Schrecken. Hier soll es genügen, auf die Verwandtschaft zu achten, die nach Jesu Hinweis zwischen *Neid und Lüge* besteht, den Hauptursachen der Sünde. Das Buch der Weisheit (2,24) greift unseren Text genau auf: „Durch den Neid des Teufels kam der Tod in die Welt." Tatsächlich entsteht aus dem Neid das Verlangen, die anderen zu zerdrücken, die Ursache vieler Sünden, wie aus fehlender Aufrichtigkeit, das heißt aus der Lüge, eine ganze Reihe von Unklarheiten und Verweigerungen herrührt, die zur Ablehnung Jesu führen.

Schließlich noch eine Stelle, die mir ebenfalls wichtig erscheint zur näheren Kennzeichnung der ablehnenden Haltung Jesu gegenüber, die er selbst beklagt. Ich führe sie an, obwohl sie schon im zweiten Teil des Evangeliums steht; denn sie faßt meines Erachtens all das zusammen, was Jesus über seine Feinde zu sagen hat: „Wer mich haßt, haßt auch meinen Vater. Wenn ich bei ihnen nicht die Werke vollbracht hätte, die kein anderer vollbracht hat, wären sie ohne Sünde. Jetzt aber haben sie gesehen, und doch hassen sie mich und meinen Vater. Aber das Wort sollte sich erfüllen, das in ihrem Gesetz steht: Ohne Grund haben sie mich gehaßt" (15,23–25). Hier entdecken wir etwas von grundsätzlicher Bedeutung, wenn wir erfassen wollen, was Jesus über seine

Feinde zu sagen hat: *„Ohne Grund hassen sie mich“;* das heißt, ihre ganze Ablehnung kommt aus einem krankhaften Haß und bringt denen, die sie hegen, Traurigkeit und Tod. Es handelt sich dabei um die Unfähigkeit, sich der Liebe Gottes zu öffnen, der Liebe Gottes zu glauben, die sich dahin kristallisiert, daß man Gott den Glauben verweigert, er wolle aus uns mit seinem Wort wirklich etwas Besseres machen, indem er uns aus unserer derzeitigen Situation befreit und verwandelt. All das wird zu einem „grundlosen Haß“ gegen Gott und gegen sich selbst, der schon eine Art der Selbstvernichtung und einer in sich selbst erlebten Hölle ist.

Wie wir also auch im Hinblick auf diese Texte sehen, ist es das Verhältnis zur Person Jesu, das den Ausschlag dafür gibt, sein Freund oder Feind zu sein. Das Wort ist Fleisch geworden, und Ablehnung und Verweigerung haben seine Person zum Ziel. Die echte Beziehung zu Jesus entsteht, wenn man sich seiner Stimme öffnet und auf seinen Ruf hört. Verweigert man sich ihm hingegen und verschließt sich ihm, so führt dies zu einer Situation von Lüge und Falschheit, die schließlich zum Haß gegen Gott und damit auch zum Selbsthaß führt.

3. Gottes Tempel ist heilig, und der seid ihr

Im dritten Teil unserer Meditation befassen wir uns mit einem speziellen Beispiel für den Zorn Jesu, das heißt für den Zorn Gottes, der in Christus offenbar geworden ist (Joh 2,13–22).

Der Zorn ist ein Thema, von dem man nur wenig spricht, wenngleich es eine ausführliche Behandlung verdiente. Wir würden uns dann nämlich wieder darauf besinnen, daß auch das Neue Testament auf dem Zorn Gottes entschieden besteht, wenn wir auch manchmal dazu neigen, ihn einzig und allein in die Seiten des Alten Testamentes abzuschieben, was einer ausgewogenen Gesamtschau der biblischen Botschaft widerspricht.

Die Stelle beschreibt die Tempelreinigung, eine Begebenheit, die für den Zorn Gottes bezeichnend ist. Der Text läßt sich wie folgt unterteilen: eingangs (2, 13) die *Situation;* in den drei Versen 14–16 das *Ereignis;* in den folgenden, 17–22, die *Gedanken* zum Ereignis, nämlich die der Jünger, die der Juden und die Jesu. Was die *Situation* (13) betrifft, so müssen wir auf die Bedeutung achten, die Johannes dieser Begebenheit beimißt: Es ist die erste Begebenheit im öffentlichen Leben Jesu. Gewiß kommt die Hochzeit zu Kana zuerst, aber sie ist nur eine halbe Begebenheit: Jesus wirkt wohl, aber irgendwie noch im verborgenen. Die Tempelreinigung hingegen ist die erste Begebenheit, mit der Jesus ganz offiziell auftritt. Und er tut dies in einem Augenblick, der für das Leben der Juden von größter Bedeutung ist: „Das „Paschafest der Juden war nahe.“ Johannes verbindet diese Begebenheit ganz bewußt mit dem Paschafest: wie man weiß, wird der Rhythmus des Johannesevangeliums vom Gang der einander folgenden Feste bestimmt, deren wichtigstes das letzte Paschafest Jesu sein wird. Hier finden wir den ersten Hinweis auf diese Festreihe; mit ihm beginnt die liturgische Entwicklung des Lebens Christi. Das Paschafest der Juden war also nahe, und Jesus zog nach Jerusalem hinauf: es ist das erste Mal, daß er sich offiziell dorthin begibt. Deshalb tut Johannes alles, um diese Begebenheit ins rechte Licht zu rücken. Diese Begebenheit ist ohnehin schon überreich an Symbolen und Bedeutungen, auf die wir hier sicher nicht näher einzugehen brauchen. Es liegt mir daran, den einen oder anderen Gesichtspunkt anzudeuten, der in die Richtung des augenblicklichen Standes unserer Betrachtung weist.

Wie entwickelt sich die Szene? Jesus trifft im Tempel Leute an, die Rinder, Schafe und Tauben verkaufen, und auf dem Boden sitzende Geldwechsler. Er macht sich aus einem nicht näher zu bestimmenden Material eine Geißel, jagt alle hinaus und stößt die Tische um. Ich wüßte nicht, wie ich „schoinion" (2,15) übersetzen sollte; es könnten Stricke, aber auch Rohrstöcke sein; die Bedeutung des Wortes ist an sich sehr zweifelhaft. Die damit verbundene Vorstellung ist jedoch sehr klar und besagt: Jesus gibt sich hier ein wenig wie ein Tobsüchtiger, wie ein Besessener: Er packt alles, was ihm in den Weg kommt, und schleudert es zu Boden. Die Szene ist wirklich dramatisch, vielleicht auch etwas abstoßend. Jesus kommt erst wieder zu Vernunft, als er die Taubenhändler anredet; ihnen erklärt er: „Schafft das hier weg, macht das Haus meines Vaters nicht zu einer Markthalle!"

Dreierlei ist hier zu bedenken: Die *Jünger* erinnern sich der Schrift: „Der Eifer für dein Haus verzehrt mich" (2,17); also ziehen die Jünger im Grunde auf der Stelle eine Nutzanwendung: Jesus reinigt den Tempel, der ein Ort des Gebetes sein müßte – hier nicht, wie bei den Synoptikern, „Ort des Gebetes", sondern „Haus meines Vaters" genannt. Die *Juden* verlangen ein Zeichen (2,18). *Jesus* deutet die Szene mit dem Hinweis auf das Zeichen seines Leibes, der – wie Johannes erklärt – der endgültige Tempel sein wird (2,19–22). Hier kreuzen sich also eine ganze Reihe vielschichtiger Symbole, die sich nur schwer voneinander trennen lassen, da sie sich praktisch ineinander schneiden. Ich beschränke mich auf den Hinweis, daß die Sünde in der biblischen Offenbarung immer auf eine Schändung des Tempels Gottes, in dem man Götzen aufstellt (vgl. 1 Joh 5,21), zurückgeführt werden kann. Jede Sünde ist Schändung eines Werkes Gottes: Schändung des Mannes und der Frau, des Kindes, der Arbeit, der Liebe, der Natur. Es sind die Genußsucht, die Habgier, der Wille zur Macht, die den Platz Gottes in seinem Tempel einnehmen. All dies kann man nach 1 Kor 3,17 als Anwendung auf den geschändeten Tempel ansehen: „Gottes Tempel ist heilig, und der seid ihr." Und so richtet sich der Zornesausbruch Jesu gegen jede Schändung des Tempels: gegen die des seinen wie die eines jeden Tempels, der wir sind. Einzig der Leib des von den Toten auferweckten Christus wird der neue Tempel sein, Fundament und Mitte einer neuen Welt und des „neuen Menschen, der nach dem Bild Gottes geschaffen ist in wahrer Gerechtigkeit und Heiligkeit" (Eph 4,24).

Vierte Meditation

Sünden, Finsternis, Lüge, Knechtschaft, Tod

Die folgende Meditation entspricht im Aufbau der „Geistlichen Übungen" der zweiten Übung der ersten Woche, der sogenannten „Meditation über die Sünden" (Nr. 55–61). Sie entspricht vor allem – oder sollte wenigstens in unserer Erfahrung entsprechen – der sehr wichtigen dritten Übung, der „Wiederholung der ersten und zweiten Übung, wobei drei Zwiegespräche gehalten werden: das erste Zwiegespräch mit Unserer Herrin, auf daß sie mir von ihrem Sohn und Herrn Gnade zu drei Dingen erlange: Erstens, daß ich ein inneres Bewußtwerden meiner Sünden und einen Abscheu vor ihnen verspüre; zweitens, daß ich die Unordnung meines Tuns spüre und dieselbe verabscheue, damit ich mich bessere und in Ordnung bringe; drittens, bitten um Erkenntnis der Welt, damit ich mit Abscheu die weltlichen und eitlen Dinge von mir entferne. Dieses Zwiegespräch auf gleiche Weise mit dem Sohn und mit dem Vater" (Nr. 62–63). Dieses Zwiegespräch wird das eigentliche Thema unserer Meditation sein. Es wäre für uns gewiß sehr von Vorteil, wenn wir es vertieften und es zum Gegenstand einer längeren Besinnung machten, enthalten diese drei Bitten doch alles, was wir zu einer fruchtbaren Bußübung im einzelnen umreißen können.

Grundlage unserer Besinnung sind Worte des Johannes – nur ein paar wenige, die ich ausgesucht habe, weil sie für die Wirklichkeit stehen, an die Ignatius uns mahnt. Es sind näherhin fünf Begriffe – oder Themen –, die, wie sich zeigen wird, im Text häufig innerlich zusammenhängen. Die Meditation über diese Themen ist zweifellos etwas schwierig, weil Johannes eben eine schon recht hochstehende geistliche Erfahrung voraussetzt, das heißt eine Erfahrung des Einfachwerdens und des inneren Einswerdens. Er setzt sogar voraus, daß man schon die Erfahrung der Vielfalt hinter sich hat, daß man im ersten und im zweiten Bildungsgang schon ernstlich gekämpft hat: gegen die schwereren Sünden – die nach außen gerichteten –, gegen die offenkundigeren Laster und Leidenschaften, und daß man sich die Beobachtung der Gebote schon etwas hat kosten lassen. Der Evangelist spricht weder von Sünden noch von Lastern, noch von Leidenschaften, noch von Geboten, noch von Anordnungen oder Vorschriften; aber er faßt alles – wie zu sehen sein wird – in einigen weitgespannten Themenkreisen zusammen, die auf den ersten Blick auch ein wenig allgemein, wenn nicht gar abstrakt erscheinen könnten. Es kommt somit darauf an, diese Worte in eine mögliche persönliche Erfahrung umzusetzen. Dazu kann jeder von sich aus die Worte auswählen, die ihm persönlich helfen, diese Angaben im Leben Wirklichkeit werden zu lassen. Ich gebe Hinweise auf einige Stellen und mache den einen oder anderen persönlichen Vorschlag.

1. Was Sünde ist

Beginnen wir mit dem Thema der *Sünde*, von der ich absichtlich in der Einzahl spreche. In der heiligen Messe beten wir: „Lamm Gottes, du nimmst hinweg die Sünden der Welt" – so heißt es im italienischen Meßbuch (Anm. des Übers.) –, aber in Wirklichkeit spricht Johannes bekanntlich von der „Sünde" der Welt (1,29). In einem abschließenden und zusammenfassenden Text sagt er dann, daß der Geist „die Welt überführen wird, was Sünde ist" (16,8).

Was ist diese „Sünde"? Wir sagen, sie ist die Grund-Fehlhaltung. Natürlich weiß Johannes, daß es auch Einzelsünden gibt, so wenn er etwa 20,23 sagt: „Wem ihr die Vergebung der Sünden verweigert, dem ist sie verweigert"; er weiß also durchaus, daß es unterschiedliche und vielfache Fehlhaltungen gibt. Wenn er sie jedoch in einer einzigen Haltung zusammenfaßt, dann deshalb, weil für ihn vor allem eines zählt, wie er 16,8f erklärt: „Er wird die Welt überführen, was Sünde ist ... Sünde, daß sie nicht an mich glauben." Also liegt für Johannes die Grund-Sünde darin, den Sohn Gottes unter uns nicht zu akzeptieren mit allen sich daraus ergebenden Folgen. Es würde zu weit führen, sie hier alle zu nennen, doch folgen wir dem Wort des Johannes und halten wir uns zunächst an diese Angaben, die dann weiter ausgeführt werden sollen. Jedenfalls ist klar, daß sich hier auch der Anfang der Lösung einer offensichtlich schwierigen Frage abzeichnet, derzufolge Johannes kein Gespür für die sozialen Sünden zu haben scheint: Es kann ihm nicht an der Beziehung zu den anderen gelegen sein, weil für ihn alles einzig und allein auf die Beziehung zu Jesus hinausläuft und dies in einer Innerlichkeit, die absolut und radikal ist. Zu einer umfassenderen Antwort auf diese Frage müßte das ganze Johannesevangelium herangezogen werden, doch fürs erste müssen wir uns auch diese Botschaft, diese gleichsam geraffte Sicht des Johannes zu eigen machen, der alles davon abhängig macht, wie weit wir das Wort, Christus unter uns, annehmen und an ihn glauben.

2. Finsternis, die verwirrt

Das zweite Thema: die *Finsternis*. Dieser Ausdruck kommt bei Johannes neunmal vor – achtmal als „skotia" und einmal als „skotos" –, meistens in theologischem Sinn, zum erstenmal im Prolog: „Die Finsternis hat es nicht erfaßt"; die Übersetzungen weichen voneinander ab: „hat es nicht ergriffen" – das heißt: „hat es nicht aufgenommen" – oder „hat es nicht erdrückt" – das heißt: „hat das Licht nicht überwältigt". Jedenfalls ist der Gegensatz zwischen Finsternis und Licht klar, der in 3, 19 als Symbol für einander entgegengesetzte menschliche Haltungen auftaucht: „Sie liebten die Finsternis mehr als das Licht." Solch gegensätzliche Haltungen werden 8, 12 im Hinblick auf Jesus verdeutlicht: „Wer mir nachfolgt, wird nicht in der Finsternis umhergehen." Erneut wird hier deutlich, wie alles radikal auf die Beziehungen zur Person des fleischgewordenen Wortes zurückgeführt wird.

Was ist diese Finsternis, und wie kann man diesen Begriff übersetzen? Sagen wir zuerst – was auch viel leichter ist –, was sie nicht ist.

Meines Erachtens versteht Johannes hier unter „Finsternis" nichts Äußerliches oder Grauenhaftes. Auch nichts, was in der menschlichen Natur besonders verwurzelt wäre wie die Begierde oder die Leidenschaften. Gemeint ist hier einfach das Dunkel, das heißt das Nicht-Vorhandensein von Licht: ein Zustand, in dem es sich schlecht gehen läßt und man stolpert. Es ist das Bild von einem, der eine Straße entlanggeht und im Dunkeln nicht weiß, wohin er treten soll, einen Fehltritt tut und stolpert ... Es gibt eine Stelle bei Johannes, die diesen Sachverhalt erhellt: „Nur noch kurze Zeit ist das Licht bei euch. Geht euren Weg, solange ihr das Licht habt, damit euch nicht die Finsternis überrascht. Wer in der Finsternis geht, weiß nicht, wohin er gerät" (12,35). Anläßlich des Hilferufes der Schwestern des Lazarus an Jesus entdecken wir in 11,9f, daß der Tag zwölf Stunden hat und man bei Tag umhergehen muß, solange es hell ist, weil man sonst im Finstern nicht weiß, wohin man gerät.

Wenn wir diese Finsternis mit unseren Worten ausdrücken wollten, könnten wir vielleicht von *innerer Orientierungslosigkeit* sprechen, bei der man nicht weiß, wie und wohin man gehen soll. Diese innere Orientierungslosigkeit ist heute vielfach anzutreffen, vielleicht sogar unter den Ältesten, Fortgeschrittenen, noch mehr als auf den anderen Ebenen in der Kirche. Und wenn man an dieser inneren Orientierungslosigkeit nicht geradezu leidet und bestrebt ist, sie zu überwinden, sondern sie gar zur Lebensnorm erhebt, dann führt sie dazu, daß man den Regungen des Augenblicks und vordergründigen Gegebenheiten unterliegt, ohne sich je dem eigentlichen Warum der Dinge zu stellen. Unter „Finsternis" versteht Johannes also, daß man aufs Geratewohl daherzieht, wie eben ein Mensch, der keinen Halt und kein Ziel hat. Nun sagt er uns: Wenn man nicht in Jesus, der unter uns Mensch geworden ist, den letzten Sinn der Wirklichkeit anerkennt, der allem seinen Stellenwert verleiht, so führt das dazu, daß man sich ohne Anhaltspunkt im Finstern wiederfindet. Dann zieht man aufs Geratewohl dahin, tastet mit Händen und Füßen ins Leere, fällt ständig von einem Extrem ins andere, ohne je recht zu wissen, was geschieht und warum es geschieht, mit all den katastrophalen Folgen einer solchen Orientierungslosigkeit, die mit der „Unordnung meines Tuns" gemeint sind, von der bei Ignatius im oben erwähnten Zwiegespräch (Nr. 63) die Rede ist.

Zur Klärung dieses Begriffes scheint mir noch eine Beobachtung wichtig zu sein. Diese findet sich in Joh 3, 20: „Jeder, der Böses tut, haßt das Licht." Damit ist gesagt, daß diejenigen, die absichtlich Verwirrung gestiftet haben, oft dahin gelangen, daß sie nicht mehr aus ihr herauskommen wollen; sie häufen dann Problem auf Problem und sind nie mit einer Lösung zufrieden, weil sie ja eigentlich nur ihre eigene innere Orientierungslosigkeit auf die Dinge und Verhältnisse projizieren. Deshalb genügt auch kein Lösungsvorschlag, mag er theoretisch oder praktisch sein; denn im Grunde hängt man an dieser Verwirrung, dieser etwas bitteren und etwas skeptischen Orientierungslosigkeit, in der immer alles möglich oder plausibel bleibt: Jede Entscheidung läßt sich irgendwie vertreten, aber keine erweist sich zwingend als wirklich gültig und keine als wirklich abträglich, schimpflich, falsch oder irrig!

Das ist der Zustand der Finsternis. Aus ihm ergibt sich eine weitere Konsequenz, die mir in 9, 4 gut ausgedrückt zu sein scheint: „Wir müssen, solange es Tag ist, die Werke dessen vollbringen, der mich gesandt hat; es kommt die Nacht, in der niemand mehr etwas tun kann." Wenn diese innere Orientierung fehlt, tritt Untätigkeit an ihre Stelle oder Überaktivität, die aber nur verschleiert, daß man in den wesentlichen Dingen nichts tut, denn man kann ja nicht mehr das Gültige vom Ungültigen unterscheiden, und dann ist ohnehin alles gleich. In diesem Fall ist die atemlose Überaktivität im Grunde nichts anderes als Untätigkeit, als Tatenlosigkeit, als Trägheit, kommen doch beide Verhaltensweisen aus ein und derselben Orientierungslosigkeit.

3. Lüge, die aufzehrt

Die grundlegenden Texte zum Thema Lüge finden sich in 8,44 und 8,55. Auch hier stellt sich die Frage, wie man übersetzen oder wenigstens zu übersetzen versuchen soll? Wer im Finstern ist, wer ohne Orientierung lebt und es nicht zugeben kann – das heißt, sich damit begnügt, daß im Grunde doch alles mehr oder weniger egal ist und es zwischen mehr oder weniger wichtig wirklich keinen Unterschied gibt –, der haßt dann das Licht, und sein Leben wird zum Trug. Solch ein Mensch führt eine Scheinexistenz, bei der er sich seiner eigentlichen und letzten Verantwortung nicht wirklich stellt und vor ihr flieht unter Berufung auf Pseudo-Pflichten oder Rechte, mit denen man von einem Tag zum andern sein Leben fristet. Insofern es ein unechtes Leben ist, ist es auch ein Leben, das für den, dem es doch echt zu sein scheint, vom Neid angefressen wird. Hier berühren wir den Kern der Meditation über Kapitel 8, Vers 44: Der Dämon ist ein „Mörder" – nach Genesis und Buch der Weisheit –, und das aus Neid und in der Lüge.

Ich glaube wirklich, daß wir alle, wenn wir den Hinweisen des Zwiegesprächs in den „Geistlichen Übungen" folgen, um die Gnade bitten müßten, diese Unordnung in uns zu verspüren, denn ganz gewiß steigt in uns immer irgend etwas Unechtes auf und bahnt sich irgendwie den Weg. Alles, was wir an Zwiespältigem in uns tragen – z. B. den Gegensatz zwischen Glauben und Weltlichkeit –, und überhaupt jeder Mangel an innerer Einheit, das heißt, jedes Fehlen an Übereinstimmung zwischen Wunsch und Wirklichkeit, zwischen dem, was wir sein möchten, und dem, was wir sind, all dies sind Formen des Scheins, die innerlich aufzehren. Man trifft vor allem im Leben gottgeweihter Menschen auf große Diskrepanzen zwischen gewissen Redensarten und Taten, auch frommen, einerseits und manchen schändlichen Handlungsweisen anderseits. Vielleicht ist es für den Bereich des Glaubens typisch, daß die Widersprüche nicht nur zwischen Denken und Tun, sondern auch zwischen der einen oder anderen Art des Tuns offener und deutlicher zutage treten. Widersprüche im Empfinden: Daher fällt man aus bestimmten Gefühlen in ihr Gegenteil ohne die Möglichkeit, ihrer Herr zu werden oder ihren tiefsten Grund zu erkennen. Handlungsschwäche, die von mangelnder sicherer Erkenntnis herrührt, Furcht, sich schwierigen Situationen zu stellen … Es gibt heutzutage Priester, die um Dispensierung bitten, nicht aus Mangel an Glauben, sondern weil sie sich nicht mehr in der Lage fühlen, den konkreten Schwierigkeiten zu begegnen; ihre Orientierungslosigkeit ist zu unerträglich geworden: die Unvereinbarkeit dessen, was sie denken, tun und fördern müßten, und die schwierige Aufgabe, sich für wahre Lösungen zu entscheiden. Daher bringt die Furcht, sich schwierigen Situationen zu stellen – und infolgedessen schließlich auch ihre Unfähigkeit, ihre Tage wirklich gottgemäß zu ordnen –, sie dazu, sich zurückzuziehen.

4. Zwänge, die versklaven

Johannes sagt nicht viel über die Knechtschaft. Aber er spricht von ihr wiederum im Rahmen der Verse 33.34–35 des 8. Kapitels. Es ist leichter zu erkennen, wie die Begriffe miteinander zusammenhängen, wenn wir vom 8, 34 ausgehen: „Wer die Sünde tut, ist Sklave der Sünde." Wer sich nicht dem echten Sein öffnet, ist Sklave aller Wechselfälle des Alltags. Und überprüfen wir einmal unseren Tag, besonders wenn wir im aktiven Leben stehen, so werden wir uns sicherlich nicht dem Eindruck entziehen können, vielfach Sklaven unserer Dinge zu sein: nicht nur Sklaven unserer Leidenschaften – seien sie offenkundig oder verdeckt –, sondern auch unserer Aufgaben, unserer Tagesordnung, unserer Termine, der Dringlichkeiten, des Drucks, des Telefons. Dabei weiß man oft eigentlich nicht, womit wir bei alledem wirklich beschäftigt sind und wozu. Wir wissen, was dringend ist und was die anderen von uns erwarten, doch wir denken nie darüber nach, ob das wirklich wichtig ist, oder ob es gar noch wichtigeres zu erledigen gäbe, etwas was vielleicht sonst niemand tut. Das also ist das Durcheinander – Ignatius nennt es „Unordnung meines Tuns" –, das so oft unser tägliches Leben aushöhlt und unseren Tag so mühsam macht, eben weil das Wesentliche fehlt. Wenn diese Versklavung sich dann, wie so oft, ausweitet zu einer Abhängigkeit von äußeren, oft nicht ganz durchschaubaren Faktoren wie der öffentlichen Meinung, dem Tagesdenken, Antipathien oder Sympathien, Redensarten, Schlagwörtern, dann spüren wir, wie sehr das Fehlen wirklicher Bezugspunkte uns zu Marionetten macht, die von tausend unserer Herrschaft entzogenen Dingen abhängen, die aber unsere ganze Existenz bestimmen, uns ermüden und aufreiben. Dabei kommt für uns nicht einmal viel heraus, denn der Grund dieses unseres Handelns liegt nicht bei Idealen, für die wir uns gern hingeben, sondern darin, daß wir in ein Räderwerk geraten sind, von dem wir oft nicht einmal sagen können, was es in Gang setzt.

5. Was der Tod bedeutet

Über das Thema Tod finden wir Anhaltspunkte in 8,24, sodann in den Versen 21 und 51–52 des 8. Kapitels und schließlich in 5,24.

Hier möchte ich vor allem unterstreichen, was in 5,24 und in 8,51–52 zu lesen ist. Es sind zwei Stellen, die einander entsprechen. 5,24: „Amen, amen, ich sage euch: Wer mein Wort hört und dem glaubt, der mich gesandt hat, hat das ewige Leben; er kommt nicht ins Gericht, sondern ist aus dem Tod ins Leben hinübergegangen." Was ist also der Zustand „Tod"? Er ist der Zustand dessen, der das Wort Jesu nicht hört und sein Leben nicht an der Gegenwart des fleischgewordenen Wortes unter uns ausrichtet und so ein nicht authentisches Dasein führt, das versklavt und in sich gespalten ist. Was uns aus dem Tod ins Leben hinübergehen läßt, ist das gläubige Hören auf Jesu Wort. Johannes scheint also aufs neue zu sagen, und zwar noch radikaler: in dem Maß, in dem Jesu Wort nicht die Seele unseres Lebens ist, sind wir in der Finsternis, in der Lüge, in der Knechtschaft, im Tod. Allein Jesu Wort vermag uns aus dieser Lage zu befreien, nicht wir selbst aus eigener Kraft. Denn wollten wir es versuchen, es selbst zu schaffen, fielen wir in eine neue Form trügerischen Scheins, die immer noch Finsternis, Lüge, Knechtschaft und Tod bedeutet.

Zweifellos eine radikale Perspektive. Man müßte sie gewiß etwas mildern in der Sicht unserer alltäglichen Erfahrung. Doch es lohnt sich, diese Perspektive einmal gründlich zu bedenken und sich zu fragen, wie weit sie für uns zutrifft, um so damit auch zu erkennen, wie der Geist uns auffordert, aus diesem Zustand der Finsternis, aus dem Jesus uns mit seinem Wort und seiner Gabe befreien möchte, herauszugelangen.

Fünfte Meditation

Jesus nimmt die Sünde aus der Welt

Diese Meditation entspricht in den „Geistlichen Übungen" dem sogenannten „Gespräch der Barmherzigkeit" (Nr. 61), das als Abschluß der „Meditation über die Sünden" (Nr. 55–61) zählt. Das theologische Thema, aus dem sie lebt, lautet: *Jesus nimmt die Sünde aus der Welt.* Es ist zugleich die Leitlinie unserer Meditation, in der wir uns mit drei menschlichen Situationen befassen wollen – dem Gelähmten, dem Blindgeborenen und dem Tod des Lazarus –, die Jesus kraft seiner Freundschaft angeht.

In einem ersten Entwurf hatte ich diesen drei Berichten noch den vom Wunder auf der Hochzeit zu Kana beigefügt, weil wir dadurch noch einmal die vier Begriffe hätten erwägen können, die schon Gegenstand unserer Meditation waren: Finsternis, Lüge, Knechtschaft, Tod.

Die Situation, die Jesus zu Kana in Ordnung bringt, ist gekennzeichnet von Unehrlichkeit, von der Verlegenheit vor geladenen Gästen und der Tatlüge – man hat Leute eingeladen, hat ihnen aber nichts mehr vorzusetzen und versucht nun, sich aus der Schlinge zu ziehen. In ähnlicher Weise läßt sich die Situation des *Gelähmten* auf das Thema der Knechtschaft beziehen: Der Gelähmte ist ein Mensch, der in Fesseln liegt, der sich nicht rühren und nicht tun kann, was er will. Was den *Blindgeborenen* betrifft, so setzt Johannes die Begebenheit ausdrücklich in Beziehung zur Finsternis. Hier bringt das Evangelium selbst den Blindgeborenen, Licht und Finsternis miteinander eindeutig in Verbindung. Auch bei der Erweckung des *Lazarus* ist das Thema Tod – Leben im Gesamtaufbau des Kapitels ganz klar. Wir sehen also, wie Jesus Situationen der Lüge, der Knechtschaft, der Finsternis und des Todes zum Heil wendet. Wir werden allerdings die Hochzeit zu Kana übergehen und uns mit den drei anderen Begebenheiten des Evangeliums befassen, wobei wir die Reihenfolge einhalten, die der Bericht des Johannes uns nahelegt.

Zu diesen drei Stellen möchte ich lediglich ein paar Hinweise für die geistliche Lesung geben, würde doch jede für sich genug Stoff für eine tagelange exakte Exegese bieten. Das 5. Kapitel zum Teil, aber vor allem die Kapitel 9 und 11 haben einen mehr als kunstvollen Aufbau, wie sich bei der Lektüre des Textes erkennen läßt. Mir geht es vor allem darum, Jesus hervortreten zu lassen, der kraft seiner Freundschaft menschliche Situationen verwandelt.

1. Jesus erkennen, um wirklich geheilt zu werden

Das 5. Kapitel des Johannesevangeliums berichtet von der Heilung eines Gelähmten am Teich Betesda. Ein Fest der Juden (5, 1) stellt den Zusammenhang her. Somit befinden wir uns in einem der großen Augenblicke, in denen sich Jesus kundgibt. Sie sind, wie schon gesagt, bei Johannes immer mit Festen verbunden.

Jesus zieht nach Jerusalem hinauf, das wieder Zentrum seines öffentlichen Wirkens ist. Auf dem Weg dorthin begegnet Jesus einem unheilbar Gelähmten. Der

Text unterstreicht diesen Aspekt (5): ein Mann, der seit 38 Jahren krank war, der also keine Hoffnung mehr hat. Darf man während der ersten Jahre der Krankheit noch hoffen und sehnlichst die Heilung wünschen, so ist dies an einem bestimmten Punkt zu Ende: Die Menschen geben einen auf, und auch selbst läßt man die Hoffnung fahren. Was tut Jesus angesichts solch eines hoffnungslosen Falles? „Als Jesus ihn dort liegen sah und erkannte, daß er schon lange krank war, fragte er ihn: Willst du gesund werden?" (5, 6.) Hier können wir Jesus betrachten, der die Initiative ergreift, der herantritt. Mitten aus dieser großen Menge „vieler Kranker, darunter Blinde, Lahme und Verkrüppelte" (5, 3), greift Jesus sich den heraus, der es ihm wohl am nötigsten zu haben scheint. Während die andern zurechtkommen können, ist er so krank, daß er schon die Hoffnung aufs Gelingen aufgegeben hat. Jesus beginnt damit, in ihm wieder ein Fünkchen Hoffnung anzufachen: „Willst du gesund werden?" Der Kranke antwortet: „Herr, ich habe keinen Menschen, der mich, sobald das Wasser aufwallt, in den Teich trägt. Während ich mich hinschleppe, steigt schon ein anderer vor mir hinein" (5,7). Die Lage dieses Mannes ist die eines Menschen, der, weil er sich nicht helfen kann, dazu verdammt ist, Sklave seiner Krankheit zu bleiben, das heißt, er vermag ausgerechnet das nicht, was ihn heilen könnte. Es ist tatsächlich eine paradoxe Situation: An sich ist er rein von der Sache her dem Heile nahe, das in der wunderbaren Heilkraft des Wassers besteht, doch er ist so krank, daß er den einen Schritt nicht fertigbringt, der ihm noch fehlt. Eine Situation erzwungener völliger Tatenlosigkeit. Was tut Jesus? Er geht liebevoll zu ihm hin, öffnet ihm die Augen für seine Ohnmachtssituation, bringt ihn zu ihrem Eingeständnis und heilt ihn dann in Vollmacht mit den Worten: „Steh auf, nimm deine Bahre und geh!" Sofort wurde der Mann gesund, nahm seine Bahre und ging (5,8f).

Ich habe bewußt gesagt: „Jesus heilte ihn in Vollmacht", weil – und hier läßt Johannes, wie immer, seine Fähigkeit zur Symbolschöpfung spielen – derjenige, der nicht einmal sein eigenes Gewicht tragen konnte, jetzt auch noch sein Bett trägt. Er hätte sich nur gern zum Beckenrand geschleppt, und Jesus gibt ihm weit mehr, als er sich gedacht hatte; er trägt nicht nur sich selbst, sondern auch noch sein Bett: er ist also ein Mensch, der leben und arbeiten kann, der in jeder Hinsicht wirken kann. Jesus gibt ihm kraft seiner Freundschaft die Gesundheit wieder. Das bekundet seine herzlich-diskrete Annäherung, seine Auswahl des Bedürftigsten, die Art und Weise, in der er ihn Schritt für Schritt von seinem Leiden befreit, indem sein Wunsch deutlich wird bis hin zu der königlichen Gabe, die Jesus bewirkt. Allerdings tut Jesus dies alles in der Absicht, sein Herz zu heilen. Und das wird später geschehen: „Später traf ihn Jesus im Tempel und sagte zu ihm: Jetzt bist du gesund; sündige nicht mehr, damit dir nicht noch Schlimmeres zustößt" (5,14). Offensichtlich hat Jesus bei diesem Menschen nicht auf halber Strecke stehenbleiben, sondern ihn völlig heilen wollen. Und Jesus wird diese Heilung mit seinem Leben bezahlen müssen, denn von eben diesem Tag – die Heilung geschieht an einem Sabbat, und der Mann trägt sein Bett an einem Sabbat – datiert der Anfang der Feindseligkeit der Juden, die zu seinem Tode führen wird. Tatsächlich wird der Wille, ihn zu töten, erstmals hier erwähnt: „Darum waren die Juden noch mehr darauf aus, ihn zu töten" (5,18).

Allerdings schwingt in dieser Heilung ein trauriger Unterton mit, der sich auf die innere Verfassung, auf die Tiefen dieses Kranken bezieht: Ist er wirklich geheilt worden? Er scheint geheilt zu sein. Doch es sieht auch so aus, als wolle Johannes sagen, daß er es in Wirklichkeit nicht ist, weil er die tiefste Bedeutung des Zeichens nicht begriffen hat. Läßt er doch den Gelähmten gleich hinterher wieder auftreten, und dann weiß dieser nicht, wie er den Juden auf ihre Frage antworten soll: „Wer ist das denn, der zu dir gesagt hat: Nimm deine Bahre und geh? Der Geheilte wußte aber nicht, wer es war" (5, 12 f). Er kennt Jesus nicht, ebensowenig wie seine Sünde, die Jesus ihm kurz darauf mit einer ernsten Mahnung vorhalten muß (14). Der Kranke geht also gesund weg, aber er ist keineswegs aus seiner Heillosigkeit erlöst: Er kommt nicht ans Licht. Der Mann weiß nicht, wer es war, der ihn gesund gemacht hat; und ohne das zu wissen, ohne diese Kenntnis Jesu gibt es kein wahres Heil, gibt es kein ewiges Leben. Das ist die eigentlich Heillosigkeit: ihn nicht kennen. Alle irdischen Gaben sind nur Zeichen für das verheißene Heil. Wenn jemand Jesus kännte, wäre er nicht nur gesund, sondern besäße er das Heil: denn *ihn erkennen* heißt: das ewige Leben besitzen. Dieser Mensch hat also das Zeichen nicht erfaßt; ja er wird sogar gewissermaßen zum ersten Verräter Jesu, denn wenn die Verfolgung Jesu durch die Juden nunmehr beginnt, so ist es eigentlich er, der ihnen den Hinweis gibt: „Das ist der Mann, der mich am Sabbat wieder zum Gehen gebracht hat" (5, 15 f). Daher die ganze Ablehnung ... Tatsächlich klingen in der Darstellung des Johannes immer viele Untertöne mit an: Er führt uns eine Seite vor, aber nicht alles entwickelt sich dann zum Besten. Ja, es kommt sogar oft zu widrigen Situationen, die uns die ganze Vielschichtigkeit des Heilswerkes erkennen lassen.

2. Sehend werden und sich von ihm erleuchten lassen

Auch im Bericht über die Heilung des Blindgeborenen in Kapitel 9 wird uns eingangs gesagt, wie verzweifelt es um einen Menschen steht, der sich in der Finsternis befindet: ein Blinder von Geburt an. Eine aussichtslose Lage, mit der er und die anderen sich abgefunden haben. Nach einem Wort über die Sünde – die Jünger fragen: „Hat er gesündigt? Haben die anderen gesündigt?" – setzt Jesus sich über all diese Kasuistik hinweg und schreitet zur Tat. Wieder ist er es, der den Anfang macht, nicht der Blinde mit einer Bitte. „Als er dies gesagt hatte, spuckte er auf die Erde; dann machte er mit dem Speichel einen Teig, strich ihn dem Blinden auf die Augen und sagte zu ihm: Geh und wasch dich in dem Teich Schiloach" (9, 6 ff). Jesus ergreift die Initiative, aber er läßt den Blinden etwas tun. Darin liegt das Merkmal seines Entgegenkommens: keine Geschenke machen, kein Füllhorn ausleeren, sondern etwas in Bewegung bringen. Wie mit dem Gelähmten, der sich nicht rühren konnte und den er von innen her in Bewegung zu bringen versucht, indem er mit Fragen sein Interesse weckt und ihn durch seine Güte zur Erkenntnis seiner tiefsten Sehnsucht führt, so geschieht es auch mit dem Blindgeborenen: Er läßt ihn etwas tun, indem er in ihm eine Hoffnung aufkeimen läßt, die ihn in Bewegung setzen soll. Und indem er so vorging, hat er ihn dann geheilt. „Ging" er doch „fort und wusch sich. Und als er zurückkam, konnte er sehen." Hier im Vers 7 bricht dann eine neue Flut von Auseinandersetzungen los, deren Anschwellen sich durch das ganze 9. Kapitel hinzieht. Wieder setzt sich Jesus, der sich mit Güte naht und eine Heilstat vollbringt, wie im 5. Kapitel, neuen Mißhelligkeiten aus und trifft auf die natürliche Reaktion des Menschen, der sich dem Glauben nicht öffnen will und ständig neue Ausflüchte, neue Deckungen sucht, damit er sich dem Handeln Gottes nicht zu öffnen braucht.

Was uns besonders interessiert, ist, zu sehen, wie Jesus sich am Ende des Kapitels ganz ähnlich, wie es dem Gelähmten geschah, diesem Menschen offenbart. Er jedoch bekennt sich, anders als der Gelähmte, schlicht und demütig zum Wirken Christi, den er als Propheten anerkennt; und mit seiner Einfalt – hier verwickelt Johannes ihn in eine ironische Gegenüberstellung – gelingt es diesem Mann, der fast nichts weiß, die allereinfachsten Worte gebraucht und das Allerselbstverständlichste sagt, die Argumente der anderen zu entkräften: „Wir wissen, daß Gott einen Sünder nicht erhört" (9, 31). Mit Sätzen, die in ihrer überzeugenden Selbstverständlichkeit geradezu dem Volk vom Munde abgelesen und Gemeinplätze waren, bringt er alle Einwände der Gelehrten zu Fall, derer, die behaupten wollen, es sei nichts geschehen, es könne nicht so sein. Dieser Mann tut wirklich, was er kann, auch wenn er Jesus noch nicht durch und durch kennt. Und schließlich gibt Jesus sich ihm zu erkennen (35): „Jesus hörte, daß sie ihn hinausgestoßen hatten" – dieser Mann hat also für Jesus leiden müssen –, „und als er ihn traf, sagte er zu ihm: Glaubst du an den Menschensohn? Der Mann antwortete: Wer ist das, Herr? (Sag es mir,) damit ich an ihn glaube. Jesus sagte zu ihm: Du siehst ihn vor dir; er, der mit dir redet, ist es. Er aber sagte: Ich glaube, Herr! Und er warf sich vor ihm nieder. Da sprach Jesus: Um zu richten, bin ich in diese Welt gekommen: damit die Blinden sehend und die Sehenden blind werden" (9, 35–39).

Hier zeigt sich, worum es bei der Gegnerschaft zwischen den Pharisäern und Jesus geht; es ist aber auch das, was uns interessiert: Da wirkt der Herr ein Zeichen, das mit einer Begegnung im Glauben endet. Auf ihn zielt das Wirken Jesu hin. Jesus wollte durch sein Heilszeichen diesen bestimmten Menschen dorthin führen und bringt ihn im rechten Augenblick dorthin. Und dieser, dem es klargeworden war, daß er nicht nur eine Wohltat empfangen hatte, um sich ihrer zu freuen, sondern daß er sie durch die Güte eines Propheten empfangen hatte, vernimmt den Ruf und öffnet sich Jesus im Glauben, während sich jetzt gegen Jesus die ganze Feindseligkeit der Pharisäer zusammenballt. Schließlich stellt der Schlußsatz – „Um zu richten, bin ich in diese Welt gekommen: damit die Blinden sehend und die Sehenden blind werden" – die Anwendung dieser ganzen Begebenheit auf uns dar. Soweit wir zu sehen glauben oder sehen zu können vorgeben, täuschen wir uns und sind blind; soweit wir wissen, daß wir nicht sehen, und um Licht bitten, geben wir der Macht des fleischgewordenen Wortes den Weg zu uns frei und lassen uns von ihm erleuchten.

3. Die Kraft seiner Freundschaft

Auch bei der Auferweckung des Lazarus handelt es sich um eine breit angelegte Szene, die ganz auf dem Thema „Tod – Leben" aufgebaut ist. Da Lazarus schon vier Tage tot ist, beginnt man auch hier, wie in den anderen Fällen, sich schließlich daran zu gewöhnen: Hoffnung gibt es keine mehr, man findet sich mit der Lage ab. Jesus begibt sich von sich aus zu ihm hin, eine Tat persönlicher Freundschaft, die ihn dazu drängt, sich einer Gefahr auszusetzen (vgl. 11,8), die die Jünger ihm als ernst darstellen. Jesus wird dann das Wunder in einer stark gefühlsbetonten Atmosphäre wirken: „Als Maria dorthin kam, wo Jesus war, und ihn sah, fiel sie ihm zu Füßen und sagte zu ihm: Herr, wärst du hier gewesen, dann wäre mein Bruder nicht gestorben. Als Jesus sah, wie sie weinte und wie auch die Juden weinten, die mit ihr gekommen waren, war er im Innersten erregt und erschüttert. Er sagte: Wo habt ihr ihn bestattet? Sie antworteten ihm: Herr, komm und sieh! Da weinte Jesus. Die Juden sagten: Seht, wie lieb er ihn hatte! Einige aber sagten: Wenn er dem Blinden die Augen geöffnet hat, hätte er dann nicht auch verhindern können, daß dieser hier starb? Da wurde Jesus wiederum innerlich erregt, und er ging zum Grab. Es war eine Höhle, die mit einem Stein verschlossen war. Jesus sagte: Nehmt den Stein weg! Marta, die Schwester des Verstorbenen, entgegnete ihm: Herr, er riecht aber schon, denn es ist bereits der vierte Tag. Jesus sagte zu ihr: Habe ich dir nicht gesagt: Wenn du glaubst, wirst du die Herrlichkeit Gottes sehen? Da nahmen sie den Stein weg. Jesus aber erhob seine Augen und sprach: Vater, ich danke dir, daß du mich erhört hast. Ich wußte, daß du mich immer erhörst; aber wegen der Menge, die um mich herum steht, habe ich es gesagt; denn sie sollen glauben, daß du mich gesandt hast" (11,32–42).

Mehr als in allen anderen Wundern wird hier eine bis in die Tiefe reichende Spannung der Geister hervorgehoben wie auch eine starke Bewegung bei Jesus selbst. Was ist der Grund für diese Hervorhebung, die wir sonst in den Evangelien nicht finden? Jesus steht vor dem entscheidenden Zeichen seiner Sendung: Der Tod soll wieder zum Leben werden mittels seines eigenen Todes. Sein Eingreifen bringt sein Werk zur Vollendung, zu dem ihn Mitleid und Freundestreue drängen, die tief zu Herzen gehen: Lazarus war sein Freund, Lazarus ist tot.

Wirklich wunderbar erweist sich in der Schilderung des Johannes das vollkommene Ineinander von Treue dem Alltagsleben gegenüber – die Todestragödie eines Freundes – und der Wahrnehmung, daß in dieser Tragödie das Geheimnis Gottes und das Geheimnis des Heiles gegenwärtig sind. Und kraft eben dieses Ineinanders ruft Jesus uns zu sich heran, da er nicht nur die Sünde oder verfehlte Situationen überhaupt verwandelt, sondern ganz konkret menschliche Situationen. Es ist die Kraft seiner Freundschaft, die sich hier eindrucksvoll offenbart. Kein anderer Evangelist hat gewagt, Jesus so tief mit jemand verbunden darzustellen, daß er aus einer großen Erschütterung angesichts des Todes seines Freundes die Tränen nicht mehr zurückhalten kann. In dieses so ernste, feierliche und zugleich dramatische Bild Jesu wollen wir uns im Gebet vertiefen.

Fassen wir die Aussage dieser Stellen zusammen: Die Situationen, in denen die Menschen sich befinden, in denen der einzelne sich befindet, in denen auch wir bisweilen stehen – Lüge, Knechtschaft, Vorbehalte, Unehrlichkeit, Orientierungslosigkeit, Tod, der uns immer bedroht, sei es als Todesfurcht oder als Möglichkeit, uns gegen ihn aufzulehnen –, sind an sich unüberwindlich. Nur Einer kommt uns hier zu Hilfe, unverhofft und aus freien Stücken, als Freund, und ergreift die Initiative: Es ist Gottes menschgewordenes Wort, das sich uns freundlich naht, um uns zu helfen, uns aufzurichten, uns zu reinigen. Er ergreift uns da, wo wir sind – uns und das Wenige, das wir ihm in diesem Augenblick geben können –, und wandelt uns in überströmender, königlicher Weise um. Wir sind aufgerufen, uns seiner Macht anzuvertrauen, uns von ihm anrufen, zurückrufen und umwandeln zu lassen in das, was er uns sagen will.

Sechste Meditation

Jesu Werk, die Ernte, die Jünger

Joh 4, 31–38

Die folgende Meditation steht unter dem Titel „Jesu Werk, die Ernte, die Jünger". Sie berührt Themen, die bei Johannes in einem Textabschnitt (4, 31–38) vorkommen, der dem Bericht vom Zusammentreffen Jesu mit der Samariterin folgt. Dieser Text schiebt sich zwischen das Ende des Zwiegesprächs mit der Samariterin, da die Frau Leute aus der Stadt rufen geht und diese kommen, und deren Ankunft. Zwischen diesen beiden Zeitpunkten steht wiederum ein Zwiegespräch, das Jesus mit den Seinen, den zwölf Jüngern führt. Darüber wollen wir nachdenken im Geist der Meditation über den „Ruf des Königs", die die zweite Woche der „Übungen" (Nr. 91–98) eröffnet.

So wie Ignatius ihn darstellt, findet der „Ruf des Königs" bei Mk 3, 13–18 und an den Parallelstellen ein unmittelbares Interesse, ebenso bei der Aussendung der Zwölf (Mk 6, 7–13). In den synoptischen Evangelien, besonders bei Markus, bildet die Berufung der Zwölf einen der Hauptbestandteile des Wirkens Jesu. Bei Johannes hingegen gibt es keine so feierliche Berufung der Zwölf. Nur zu Beginn, im 1. Kapitel, führt er uns vor Augen, wie Jesus die ersten Bekanntschaften macht und die ersten Freundschaften schließt. Hier liegt also der Nachdruck auf der alleinigen und durch nichts ersetzbaren Verantwortung Jesu für die vom Vater empfangene Sendung in die Welt. Jesus ist am Werk; und die Jünger treten auf als ihm zu seinem Werk schlicht und einfach beigesellt.

Dieser Abschnitt ist sehr kurz, ganze sieben Verse, und ist dem Stil des Johannes entsprechend so komponiert, daß er die verschiedenen Ebenen des Gesprächs berücksichtigt. Dabei lassen sich meines Erachtens drei unterscheiden: die *Ebene der vordergründigen Situation,* die mittels einer Reihe von Fragen und Antworten zum Thema Speise dargestellt wird. Mit ihnen schneiden sich andere, die auf eine *rätselhafte Ebene* anspielen, da man sie sowohl wörtlich wie auch geistlich auffassen kann. Sodann berühren ein paar Aussagen unmittelbar die *höchste Ebene.*

Kurze Textbetrachtung (4, 31–38)

Lesen wir vorab schon einmal den Text, um diese Aspekte kurz aufzuspüren und dabei den Blick für das zu schärfen, was er enthält: „Seine Jünger drängten ihn: Rabbi, iß!" wir befinden uns hier auf der Ebene der vordergründigen Alltagserfordernisse. „Er aber sagte zu ihnen: Ich lebe von einer Speise, die ihr nicht kennt." – Die Antwort gibt Rätsel auf, sie könnte die Speise meinen, aber auch etwas anderes, das die Speise bedeutet. Aber die Jünger kehren wieder zur vorigen Ebene zurück. „Da sagten die Jünger zueinander: Hat ihm jemand etwas zu essen gebracht?" – Hier liegt ein Mißverständnis vor: Sie reden von etwas anderem als Jesus. „Jesus sprach zu ihnen: Meine Speise ist es, den Willen dessen zu tun, der mich gesandt hat, und sein Werk zu Ende zu führen" (4,31–34). Damit schließt der erste Teil des Gesprächs.

Der zweite Teil (4,35–38) beginnt wiederum mit einem Rätsel: „Sagt ihr nicht: Noch vier Monate dauert es bis zur Ernte?" – Das könnte ein Sprichwort oder eine Redensart sein, die sich wirklich auf die Ernte bezieht, das heißt: auf die gegenwärtige Situation oder vielleicht auch auf die Jahreszeit. Doch gleich wechselt man wieder auf die Ebene des Rätselhaften. „Ich aber sage euch: Blickt umher und seht, daß die Felder weiß sind, reif zur Ernte." – Die Frage ist, welche Felder? Wovon spricht Jesus? Es sieht so aus, als spräche er von dem, was er vorher gesagt hat, aber in Wirklichkeit handelt es sich schon um eine neue Rede. „Schon empfängt der Schnitter seinen Lohn und sammelt Frucht." – Bis hierhin könnte die Rede doppelsinnig scheinen, „für das ewige Leben", – da befinden wir uns schon in der ganz neuen Rede –, „so daß sich der Sämann und der Schnitter gemeinsam freuen. Denn hier hat das Sprichwort recht: Einer sät, und ein anderer erntet." – Wieder stehen wir hier auf dem Boden des Sprichworts, des vieldeutigen Rätselworts. Darauf folgt die Klarstellung auf höchster Ebene: „Ich habe euch gesandt, zu ernten, wofür ihr nicht gearbeitet habt; andere haben gearbeitet, und ihr erntet die Frucht ihrer Arbeit."

Befinden wir uns hier auch schon auf der Ebene des geistlichen Gesprächs, so treiben doch noch Rätselworte ihr Spiel, denn das, was gemeint ist, könnte sich im Grunde auch auf die vordergründige Situation, die der Samariter, beziehen. Beim Lesen dieses Gesprächs könnte man denken, Jesus kündigt den Jüngern die Ankunft einer Menschenmenge, der Samariter, an, die sie dann aufnehmen, ohne sich um sie bemüht zu haben. Aber die Rede hat, wie sich zeigen wird, eine viel umfassendere Bedeutung: Sie ist eine prophetische Schau, in der Jesus die ganze Zukunft voraussieht.

Soweit also der Text, über den wir noch etwas tiefer

nachdenken wollen. Wir folgen dabei genau den verschiedenen Phasen des Textes. Zuallererst das Rätselwort, nämlich die Verse 31–33, dann Vers 34 – Jesus offenbart das Geheimnis seines Lebens – und schließlich die Verse 35–38, wieder ein Rätselwort zum Thema Apostel und Ernte.

1. Verstehen, worum es Jesus wirklich geht

Das erste Rätselwort knüpft an ein Mißverständnis an. Einer Frage nach dem täglichen Brot begegnet Jesus mit einer rätselhaften Antwort. Jesus sagt: „Ich lebe von einer Speise, die ihr nicht kennt", aber die Jünger verharren auf der Ebene des vordergründigen Verstehens: „Hat ihm jemand etwas zu essen gebracht?" Demnach besteht zwischen Jesus und den Seinen eine Situation der Distanz und des Nichtverstehens; man versteht Jesus nicht. Das ist ein Aspekt, der im Markusevangelium deutlich hervorgehoben wird. Er enthält zweifellos eine für uns wichtige Lehre, nämlich daß wir den Herrn nie recht verstehen und uns auch dessen nicht bewußt werden können, was für ihn letztlich wahrhaft wichtig ist. Auch die Ältesten, die im Glauben Fortgeschrittenen, auch die, die ihm nahestehen, begreifen oft nicht, worum es ihm wirklich geht, und bringen ihm etwas, das er gar nicht will.

Wir handeln wie Marta, die Jesus zu sich einlädt und sich mit den Vorbereitungen für ihn abmüht, an denen Jesus aber gar nichts liegt, während es ihm um anderes geht. Deshalb vertun wir uns in der Art und Weise, ihn zu behandeln, mögen wir auch guten Willens sein: wir erkennen Jesu Geheimnis nicht, das sich uns entzieht, weil er uns zu Höherem ruft.

Dies müßte uns Anlaß geben, sogar über unser geistliches Leben nachzudenken: Tun wir wirklich, was Jesus von uns verlangt? Im Zusammenhang mit dem Thema der Finsternis haben wir bereits über die Orientierungslosigkeit nachgedacht: Welche gültige Leistung bringen wir denn wirklich zustande, die sein Gefallen fände? Ist das, was wir tun, auch wirklich das, was er von uns verlangt, oder ist es etwas anderes?

Jesus antwortet mit einem Rätselwort, das aber schon einen ersten Blick auf sein Geheimnis freigibt. Er bestätigt, daß jemand ihm insgeheim Speise gibt. In Wirklichkeit spielt das Wort der Jünger indirekt auf eine andere Frage an: „Warum redest du mit dieser Frau? Was sagst du ihr da?" Die Jünger wundern sich also darüber, daß Jesus in dieser Situation mit einer Frau spricht und ihr die Geheimnisse des Reiches erklärt. Sie vermuten sogar, er habe ihr etwas mitgeteilt, das er ihnen nicht gesagt hat. Aber Jesus lenkt Schritt für Schritt und geduldig ihre getäuschte Erwartung auf ein neues Ziel: das Geheimnis seines Lebens, das hier erstmals irgendwie mitgeteilt wird – im Vers 34, auch wenn er von nun an viel ausführlicher im ganzen Evangelium darauf zurückkommen wird. Jesus sagt ihnen: „Meine Speise ist es, den Willen dessen zu tun, der mich gesandt hat, und sein Werk zu Ende zu führen." Diesen Vers müssen wir im folgenden genauer betrachten, da er sehr wichtig ist.

2. Den Willen Gottes erfüllen

In Vers 34 ist die Rede von jemand, der sendet, und von seinem Willen: Dieser Wille ist Jesu Speise. Wer ist es, der sendet? Der Vater. An dieser Stelle kommt bei Johannes zum erstenmal das Verb „senden" vor. Von hier ausgehend, werden wir eine ganze Reihe von Stellen finden – neunundzwanzig habe ich gezählt –, an denen vom Vater eigens ausgesagt ist, daß er „der ist, der sendet". Mit anderen Worten: Jesus enthüllt hier das Geheimnis seiner Sendung, das darin besteht, als Abgesandter des Vaters unter uns zu sein. Ähnlich ausgedrückt finden wir es auch in 5,23ff und dann immer wieder bis 20,21: „Wie mich der Vater gesandt hat, so sende ich euch." Jesus wird sich also sein Leben lang als der darstellen, der vom Vater gesandt ist.

Wozu aber ist er vom Vater gesandt? Um seinen Willen zu tun. Und worin besteht dieser Wille Gottes? Das Wort „Wille" ist wichtig; wir finden es im folgenden an einer fast gleichlautenden Stelle (6,38–40), und es kommt im Vers 17 des 7. Kapitels erneut vor. Beim Lesen dieser Verse werden wir uns fragen: Was ist der Wille Gottes, den Jesus zu erfüllen kommt? Konkret ist er der Heilsplan. Wie im folgenden noch deutlicher ausgeführt wird, ist das Werk, das zu Ende geführt werden soll, Gottes Plan für das Heil der Welt. Dies ist der Wille Gottes, von dem es heißt, er sei ein „Werk, das zu Ende geführt werden soll"; ein mühsames Werk, das Stufe um Stufe weitergeführt und zu Ende gebracht werden muß. Das ist der Wille Gottes, von dem an jeden der Ruf ergeht, sich Jesus einzugliedern. So heißt für uns „den Willen Gottes zu vollbringen" in den Heilsplan eingehen, den Jesus zu Ende führt, indem wir seine Gegenwart unter uns mit allem akzeptieren, was sich daraus ergibt.

Der Wille Gottes, den Jesus in seiner Eigenschaft als Gesandter des Vaters erfüllt, ist die Speise für sein Leben. Gewiß beruft Jesus sich hier auf die gesamte jüdische Überlieferung, die das „Hören auf Gottes Wort" (Dtn 8, 3 und viele ähnliche Stellen) als Speise bezeichnet. Das ist der Kern seines Lebens, das beseelt es und gibt ihm seinen Sinn: Jesus stellt sich uns dar als den, „der dem Vater gehorcht", so sehr, daß darin sogar seine Gegenwart unter uns ihre Wesensbestimmung erfährt. Wir werden noch genauer zusehen müssen, was sich aus diesem Inkarnationsbegriff ergibt, aber jetzt schon können wir verstehen, daß Jesus durch eben die Gehorsamstat, die er in der Welt vollbringt, Gott unter uns gegenwärtig gesetzt hat. Hier wird etwas sichtbar, das uns zum Nachdenken bringen muß, denn wir hätten sicher nicht so nachdrücklich darauf bestanden, daß Jesus „vom Vater gesandt" worden ist: solch eine Wahrheit läßt sich nur aus einer Offenbarung über den innersten Kern des Geheimnisses Gottes ableiten.

Außer dem Verb „pempo" – „Ich sende", das sich gerade an diesen Stellen und an anderen findet – der Vater ist „ho pempsas", der „der sendet" –, gibt es noch das Verb „apostello" – „ich sende aus", das an über zwanzig Stellen vorkommt, beginnend bei 3, 17 – „Gott hat seinen Sohn ... gesandt" – „apesteilen", und bis zum Schluß des Evangeliums. Es sind etwa fünfzig Stellen, an denen mit Nachdruck festgestellt wird, daß Jesu Werk darin besteht, daß er „eine Sendung, einen Auftrag, empfängt".

Was dies für uns bedeutet, wollen wir in der Meditation über die Person Jesu erwägen.

3. Teilnehmen an einem Werk für lange Zeit und für viele Hände

Der dritte Abschnitt unseres Stückes reicht von Vers 35 bis Vers 38: die Apostel und die Ernte. Hier stoßen wir wieder auf ein Rätselwort: „Sagt ihr nicht: Noch vier Monate dauert es bis zur Ernte? Ich aber sage euch: Blickt umher und seht, daß die Felder weiß sind, reif zur Ernte – schaut euch das Land an, das vor euch liegt: es ist weiß und schon zur Ernte bereit" (35). Genauer betrachtet, ist das worum es hier geht, unlogisch und unmöglich. Denn wenn „es noch vier Monate dauert," befinden wir uns im Februar/März. Da man aber erst etwa im Juni erntet, sind wir also noch weit davor, zumal es in Palästina um diese Zeit noch sehr kalt sein kann. So liegt die Erklärung wohl eher in einer prophetischen Schau Jesu. Angesichts dieses ersten Ereignisses seines Apostolates – die Samariterin war gerade da, und es kommen noch andere aus dem Dorf –, eines vielleicht eher kleinen und unbedeutenden Ereignisses, tut sich Jesus ein Blick auf seine eigene und seiner Jünger Sendung auf: Da ist dann die Ernte groß, unermeßlich, und die Felder sind reif – wahrscheinlich denkt Jesus an die messianische Ernte, wie sie bei den Propheten, z.B. Amos 9, 13, beschrieben wird. Ich glaube, hier dürfen wir an die Art und Weise denken, wie Ignatius in der „Betrachtung von der Menschwerdung" die Welt beschreibt: „Das ganze, von Menschen erfüllte Erdenrund schauen mit allen Personen in ihrem je verschiedenen Verhalten: die einen weinend und die andern lachend, die einen gesund und die andern krank, einige im Sterben und andere beim Abstieg zur Hölle ..." (vgl. Nr. 101–109).

Diese Sichtweise des Ignatius ist der ähnlich, die Jesus uns vor Augen führt: es ist ein Blick auf das alle Maßstäbe sprengende Werk des Vaters, an dem Jesus von nun an auch die Jünger mitarbeiten lassen will. Bisher war er allein aufgetreten; von nun an sucht er auch dem Geist der Jünger irgendwie die brennende Sorge und das Verantwortungsgefühl zu vermitteln, die ihn treiben kraft der vom Vater empfangenen Sendung. So schaut Jesus prophetisch schon die Ernte, man erntet bereits die Felder ab, man fährt die Frucht ein und freut sich ihrer. Das ist seine innere Freude, in der er schon die größte messianische Vision vorwegnimmt, die der Ernte am Ende der Zeiten, die Freude, an der er die Seinen teilnehmen lassen möchte, als er sie zu Mitarbeitern des Werkes macht, das der Vater seiner Verantwortung anvertraut hat.

An dieser Stelle stoßen wir auf einen Sprung, der für die Redeweise des Johannes typisch ist, der aber auch an der Parallelstelle Mt 9,37 – „die Ernte ist groß ..." –, seine direkte Entsprechung hat. Nachdem Jesus versucht hat, die Seinen mit in seine eigene brennende Sorge, seine Verantwortung, aber auch in seine Freude über das gewaltige Werk hineinzunehmen, das der Vater ihm zu vollenden gegeben hat, bringt er in Erinnerung, daß dieses Werk nicht einzig und allein Sache der Apostel ist. Es scheint also, daß er mit den folgenden Worten dem Gefühl der Furcht begegnen will, die jeden angesichts dieser unermeßlichen Aufgabe erfassen kann: „Hier hat das Sprichwort recht: Einer sät, und ein anderer erntet. Ich habe euch gesandt, zu ernten, wofür ihr nicht gearbeitet habt; andere haben gearbeitet, und ihr erntet die Frucht ihrer Arbeit" (37f).

Was will Jesus mit dieser gleichnishaften Ausdrucksweise sagen, die sich übrigens auf eine Stelle beim Propheten Micha zu beziehen scheint, an sich ein Wort der Betrübnis: „Du wirst säen, aber nicht ernten" (Mi 6,15)? Jesus faßt das Wort anders auf: Der eine sät, der andere erntet; ihr erntet, was andere gesät haben. Mir scheint, Jesus öffnet hier den Aposteln die Augen für einen wichtigen Aspekt seines Werkes. Es ist ja das Werk des Vaters, das Jesus zu Ende führen muß und zu dem er die Seinen nach und nach hinzuzieht, so wie sie es allmählich durch wachsende Herzensreife mittragen können, ohne es allerdings jemals auf sie abzuwälzen, als seien sie allein verantwortlich. Jesus will ihnen zeigen – und Johannes will es seiner Gemeinschaft von Ältesten deutlich machen –, daß es um ein Werk geht, das in eine lange, lebendige Tradition eingebettet ist; eine Tradition, die sie weder begründen noch beenden und die also nicht einzig auf ihren Schultern oder ihrer Verantwortung liegt. Vielmehr erhält man so, wie man seine Sendung erhält, auch seinen Platz in dieser langen Traditionskette, in der jeder von uns nur ein Glied ist und etwas tut, ohne alleinverantwortlich, federführend oder gar absoluter Herr zu sein. In der Matthäus-Stelle begegnen wir derselben Auffassung: „Die Ernte ist groß, aber es gibt nur wenig Arbeiter", ein Ruf der Freude und der Not zugleich. Während man zunächst zu dem Schluß geneigt wäre: „Also macht euch eilends auf zur Ernte!", lautet die Folgerung jedoch so: „Bittet also den Herrn der Ernte", als ob es hieße: „Nicht ihr seid die Letztverantwortlichen für Gottes Werk!" Es ist Gottes Werk: Gott hat es dem Sohn anvertraut und dieser läßt uns daran teilnehmen, aber es bleibt ein umfangreiches Werk für lange Zeit und viele Hände.

So erhalten wir einen ersten Blick auf eine der für das Johannes-Evangelium so bezeichnenden ekklesialen Linien, die darauf hinaus läuft, dem Jünger, dem Ältesten zu helfen, die Gegenwart Jesu in der lebendigen Überlieferung der Kirche zu begreifen und sich ihr einzugliedern, indem man akzeptiert, daß Gottes Werk so kommt und zu Ende geführt wird. Dadurch nimmt sie die Sorge aus dem Herzen der Jünger, der Ältesten, als müßten wir alles tun, als begänne alles mit uns und ginge mit uns unter. Wir übernehmen immer eine Arbeit, die andere schon getan haben, treten das Erbe der anderen an und bereiten wieder anderen den Weg. Diese Gewißheit beruhigt uns auch menschlich und läßt unser Wirken einfacher, konkreter und demütiger werden. Ist es verwunderlich, daß Jesus uns zu Beginn der ekklesialen Ausbildung seiner Jünger ausgerechnet diesen Hinweis geben sollte?

Unsere Meditation läßt sich mit einem Blick auf den Satz abschließen, mit dem der Bericht über die Samariterin endet: „Wir haben gesehen: Er ist wirklich der Retter der Welt" (4,42). Es ist die einzige Stelle des Neuen Testamentes, an der Jesus „Retter der Welt" genannt wird. Auch erhält er am Ende der beiden Begebenheiten mit Nikodemus und der Samariterin diesen Namen, weil er die Ereignisse zusammenfaßt. Jesus hat zu Juden und zu Samaritern gesprochen, woraus zu ersehen ist, daß er zu allen gesandt ist. Jesus, der „Retter der Welt", läßt uns somit die Nöte der ganzen Welt begreifen und macht deutlich, wie wir als Gesandte an alle Welt vorgehen müssen.

Siebte Meditation

Das Geheimnis des Gottes unter uns

Die folgende Meditation entspricht in der Ordnung der „Geistlichen Übungen" der „Betrachtung von der Menschwerdung" (Nr. 101–109). Nimmt Ignatius diese Betrachtung verständlicherweise auch „nach Lukas" vor, das heißt, er hält sich an die Szene, wie sie das Lukasevangelium berichtet, so möchte ich doch auf ein johanneisches Grundthema in einer „Vorübung" und im „Zwiegespräch" dieser Betrachtung hinweisen.

In der dritten Vorübung (Nr. 104) läßt Ignatius uns um die „innere Erkenntnis des Herrn" bitten, „der für mich Mensch geworden ist, damit ich ihn liebe und ihm nachfolge". Eben um diese Betrachtung der inneren Erkenntnis des Geheimnisses der Menschwerdung geht es uns hier.

Im Zwiegespräch (Nr. 109) greift Ignatius dieses Thema wieder auf, wenn er uns das „eben erst fleischgewordene Wort" – hier bedient er sich ganz klar des johanneischen Ausdrucks –, anbeten läßt, indem wir ihm sagen, was sich mir da anbietet, woran es mich denken läßt, was in mir als tiefe Herzenssehnsucht aufsteigt.

Wir müssen also diese und die noch folgenden Meditationen, da sie alle eng mit dem Geheimnis der Menschwerdung zusammenhängen, richtig einordnen. Sagt Ignatius uns auch, man dürfe nur an die Meditation denken, die man gerade macht, nicht aber an die, die noch folgen, so möchte ich doch auf diese Meditationen schon eigens hinweisen. Wir müssen das Wort betrachten, das „soeben Fleisch geworden ist" – sagt Ignatius –, das soeben für mich Fleisch geworden ist, und es betrachten, wie Ignatius es uns betrachten läßt, als soeben im Schoß Mariens Fleisch geworden. Von da aus werden wir zunächst auf das Geheimnis des Gottes unter uns hinweisen, dann, in einer anschließenden Meditation, auf das, was sich aus der Menschwerdung für die Kirche ergibt, in einer weiteren auf das, was sie für die Welt bedeutet, und schließlich in einer weiteren Meditation auf irrige Vorstellungen von der Menschwerdung, vom „Gott unter uns". Wir werden also nicht so sehr eine „contemplatio mysteriorum vitae Christi", eine Betrachtung der einzelnen Geheimnisse des Lebens Christi, wie Ignatius sie nahelegt, als vielmehr eine „contemplatio mysterii vitae Christi", eine Betrachtung des ganzen Lebens Christi in seinem zentralen Geheimnis anstellen. Kurzum, wir werden unmittelbar der johanneischen Darstellungsweise folgen.

Es handelt sich dabei um schwierige Meditationen: Es ist leichter, die Szene von Betlehem, die Hirtenszene und die von Nazaret zu betrachten als die Bedeutung des ganzen Lebens Christi. Aber wenn Johannes uns gerade diese Bedeutung betrachten läßt, setzt er voraus, daß man mit den Einzelgeheimnissen schon vertraut ist und daher ohne weiteres mit einer – wie Ignatius sagen würde – Vorübung des „Schauplatzaufbaus" unsere Meditation über eines dieser Geheimnisse beginnen kann: konkret in der nächstfolgenden Meditation über die Verkündigung, in den anderen wird es Betlehem oder Nazaret sein usw. Es wird also vorausgesetzt, daß der Älteste schon diesen Herzenskontakt mit den einzelnen, konkreten Augenblicken des Lebens Jesu lebt und man ihn zu einer betrachtenden Besinnung auf die theologische Gesamtbedeutung dieser Wirklichkeiten einlädt.

1. Unaufhörliche Sehnsucht nach Gott

Einen Ausgangspunkt für diese Besinnung können wir in der Lebenssphäre der Ältesten von Ephesus finden: es ist eine tief religiöse Welt, die überall Gottes Gegenwart erblickt ... und sich nach ihrem Anblick sehnt. Ich möchte diesen Ausgangspunkt allerdings breiter angelegt sehen und dabei vor allem die Glut der Mystiker aller Religionen bedenken und ihre Sehnsucht, Gottes Herrlichkeit zu schauen. Dazu seien einige einschlägige Stellen aus dem Alten Testament angeführt, die diesem innigen Verlangen Ausdruck geben. An erster Stelle Ex 33,13–20: „Mose sagte zum Herrn: Wenn ich wirklich deine Gnade gefunden habe, so laß mich doch deinen Weg wissen! Dann werde ich dich erkennen." Hier erfahren wir seinen ersten Herzenswunsch: „Laß mich deinen Weg wissen", sag mir, was ich tun soll; ich habe mich ja so verlaufen. Aber ihm folgt ein zweiter: „Daß ich dich erkenne." Dann heißt es in Vers 18: „Er sagte ihm: Laß mich doch deine Herrlichkeit sehen!" Er antwortete: „Ich will meine ganze Schönheit vor dir vorüberziehen lassen und den Namen des Herrn vor dir ausrufen ... Aber du kannst mein Angesicht nicht sehen; denn kein Mensch kann mich sehen."

In Psalm 63,2 lesen wir: „Gott, du mein Gott, dich suche ich im Morgenrot, meine Seele dürstet nach dir. Nach dir schmachtet mein Leib wie dürres, lechzendes Land ohne Wasser." Wir könnten sagen, hier befänden wir uns noch in einer von uranfänglicher Schwierigkeit geprägten Lage, die nach Gottes Hilfe schreit: „Ja, du wurdest meine Hilfe, jubeln kann ich im Schatten deiner Flügel" (8). Aber offensichtlich steht schon hinter diesem Verlangen das Verlangen nach Gott selbst: „Dich suche ich. Nach dir schmachtet mein Leib wie dürres, lechzendes Land ohne Wasser."

Man vergleiche auch Psalm 42,2–4: „Wie der Hirsch lechzt nach frischem Wasser, so lechzt meine Seele, Gott, nach dir. Meine Seele dürstet nach Gott, nach dem lebendigen Gott. Wann darf ich kommen und Gottes Antlitz schauen? Tränen waren mein Brot bei Tag und bei Nacht; denn man sagt zu mir den ganzen Tag: Wo ist nun dein Gott?" Auch hier geht es vordergründig um Gottes Hilfe, aber offensichtlich ist das viel zu persönlich ausgedrückt, um nicht auf die Sehnsucht nach Gott selbst hinzuweisen. Ebenso kann man den ganzen Psalm 16 lesen, zumal seinen Anfang: „Ich sage zum Herrn: Du bist mein Herr; mein ganzes Glück bist du allein." Die Hilfen, die Gott gewährt, sind nichts ohne ihn. Sicher ist Gott in den Hilfen, die er gewährt, aber „du, Herr, gibst mir das Erbe und reichst mir den Becher; du hältst mein Los in deinen Händen ... Ich preise den Herrn ... Ich habe den Herrn beständig vor Augen ... Darum freut sich mein Herz und frohlockt meine Seele."

Das innige Verlangen der Mystiker aller Religionen ist die Schau Gottes, die Schau seiner Herrlichkeit. Wir müßten in der Meditation diese Texte lesen und darauf achten, was sich bei der Lektüre in uns regt: versuchen wir, in diesem tiefen Sehnen unser Spiegelbild zu entdekken, denn das innige Verlangen eines jeden Menschen richtet sich, insofern er religiös ist, auf die Schau Gottes.

Haben wir diesen Sachverhalt in uns verwirklicht – soweit er vorhanden ist und es uns gelingt, ihn als wirklichen Sachverhalt wahrzunehmen, als erstes und transzendentes Prinzip –, so kann sich daran die Überlegung anschließen: Diese Sehnsucht nach der Schau Gottes, liegt auch einer jeden religiösen Verirrung zugrunde. Anders ausgedrückt: Hinter allen Versuchungen, sich Götzen zu machen, versteckt sich die Sehnsucht, Gott zu schauen, ihn zu besitzen, zu ihm zu gelangen. Unter diesen Götzen sind nicht so sehr sittliche Verirrungen – die Vergötzung der eigenen Leidenschaften – zu verstehen, als vielmehr Tricks, durch die man Gottes Gegenwart scheinbar in den Griff bekommen kann. Daher auch das verbissene Bemühen, die Werte so absolut zu setzen, daß man etwas Absolutes in der Hand hat. Daher auch die nicht abreißenden Versuchungen der Menschheit, die wir in dieser oder jener Weise auch in uns wiederentdecken. Einerseits bestehen für Menschen, die nach Aktion streben, messianische Versuchungen, die sie zu absoluten Idealen hindrängen; man denke nur an die typischen Messianismen der westlichen Welt und an die Ideale, die man absolutgesetzt hat: Gerechtigkeit, Freiheit, Befreiung, Friede. Anderseits gibt es in der östlichen Welt und in einem anderen Menschentyp, aber immer als Verkehrung der Ur-Sehnsucht nach der Schau Gottes, Versuchungen zum Pantheismus, der vielleicht für einen religiösen Menschen die tückischste Versuchung ist. Man erhebt alles ins Sakrale und lebt in heiliger Ehrfurcht in einer göttlichen Welt: dann ist Gott alles, berührt uns unaufhörlich, und wir sind ganz von ihm umflutet. Diese beiden Versuchungen, denen wir alle unterliegen, wenn wir Absolutheitstendenzen hegen, beruhen zuweilen auf einer Art von Panhumanismus: der Mensch ist Gott, den man schaut ... Tatsächlich ist das, was wir mit unserem Blick erreichen, der Mensch, sind wir selber es. Und dann sind wir eben das Absolute.

Das rastlose Streben nach der Schau des göttlichen Antlitzes ist somit die ständige Triebfeder, der Antrieb, der alle Formen des Absolutheitsstrebens, ob messianisch oder pantheistisch, in allen ihren Spielarten in Gang setzt, Spielarten, die, wie gesagt, ein jeder von uns in sich selbst erkennen lernen müßte. Dieses Streben drückt sich auch in atheistischen Vorstellungen bis hin zur Verzweiflung aus; und in erster Linie in dem Atheisten, der sich in jedem einzelnen von uns versteckt, in all den Formen des Unglaubens, die wir in uns tragen. Wenn wir Psalm 14 beten, drückt die Wendung: „Dixit insipiens: Non est Deus – die Toren sagen: Es gibt keinen Gott" –, im Grunde eine ganz bestimmte Komponente unseres eigenen Geheimnisses aus, die ständig wieder ans Licht drängt. Deshalb würde ich diese Meditation auch nicht vor Anfängern halten oder vor Menschen, die noch mit den Anfangsgründen des Glaubens Schwierigkeiten haben. Aber ich glaube, daß ein Ältester in seiner Reife so, wie er in sich die erotischen und politischen Komponenten seines Daseins analysieren können muß, in sich auch die atheistischen Komponenten zu analysieren imstande sein muß und damit alles, was sich aus ihnen als Tendenz in der Tiefe seines Seins ergibt. Normalerweise drücken sie sich entweder in pantheistischer – alles ins Sakrale erheben – oder in messianischer Form – sich bedingungslos ganz bestimmten Werten verschreiben –, aus.

Wir müßten auch noch eine andere Form von Atheismus berücksichtigen, die des atheistischen Zweiflers, der uns ständig in Bitternis beläßt. Dabei wende ich mich hauptsächlich an Menschen, für die ihr Engagement charakteristisch ist, an Menschen, die sich einsetzen und daher etwas Absolutes sehen und sich in seiner Nähe finden wollen. Wie dem auch sei, nur auf dem

Hintergrund dieser Analyse der tiefen Religiosität des Menschen kann man die ganze Tragweite der Botschaft des Johannes erfassen. Mit anderen Worten: Die Botschaft des Johannes erfaßt man meines Erachtens nur, wenn wir in uns all unsre inneren Kräfte des Absoluten, der Sehnsucht nach Transzendenz und nach Anbetung aufrufen, die in der Sehnsucht nach Gott zusammengefaßt sind. Wenn wir in uns auf all diesen Ebenen Jesu Frage an die Jünger: „Was wollt ihr?" – „ti zeteite", das heißt, „Was sucht ihr?" – wirklich werden lassen, werden wir verstehen, worum wir in der dritten Vorübung bitten: „Herr, laß mich Jesus erkennen, der für mich Mensch geworden ist" (Nr. 104).

2. Immer von Gott geliebt

Wenden wir uns jetzt dem zweiten Schritt dieser Besinnung zu, der Botschaft Jesu vom Vater. Dazu zwei Texte, denen sich noch andere hinzufügen ließen. Am Ende seines Lebens, als Jesus beginnt, nicht mehr in Gleichnissen, sondern offen zu reden, versichert Jesus: „Ich werde euch offen den Vater verkünden," (Joh 16,25) und: (Vater,) „ich habe deinen Namen bekannt gemacht" (17,26).

Wir könnten sagen, die Botschaft Jesu hat bei Johannes nur einen Inhalt: Gott, den Vater, seinen Vater. Das ist so zutreffend, daß ein Theologe behaupten konnte, das Johannesevangelium mache eigentlich keine Sachaussage; es lade uns nur ein, an Gott zu glauben, ohne damit zur Formulierung einer eigentlichen, objektiven Botschaft zu kommen. Das ist gewiß eine extreme und überzogene Stellungnahme; denn im Grunde enthält das Johannesevangelium eine objektive Botschaft, allerdings nur eine, die eben darin besteht, durch die Rede vom Vater den Namen des Vaters kundzutun.

Dem möchte ich gleich hinzufügen, daß diese Beschränkung auf das Wesentliche uns Furcht einflößt; denn wenn wir nur von Gott reden dürfen, verliert man doch wohl den Kontakt mit der Welt, wie sie ist, mit den Dingen, mit dem Menschen des Alltags: den Kontakt mit dem Wein von Kana oder dem Brot der Brotvermehrung. So machen wir uns denn auch angesichts dieser so grundsätzlichen Botschaft – „Ich rede zu euch vom Vater, ich rede zu euch von Gott" –, solche Prädikate wie „Intimismus" oder „Entfremdung" zunutze. Das ist gewiß ein ernstes Risiko, dem nicht wenige erliegen, die denn auch immer diesseits dieser Offenbarung bleiben und sich mit dem ersten Teil des Johannesevangeliums begnügen, mit den Zeichen: Zeichen, die man dann so oder so absolutsetzt, weil man eben ohne ein Absolutes nicht auskommt. Gerade hier, angesichts der Grundsätzlichkeit der Botschaft Jesu, wird der Sprung in die Transzendenz unausweichlich; denn nur durch ihn können wir die Einheit unserer sehnlichsten Wünsche wiederherstellen. Für den, der Gottes Absolutheit annimmt, ist einzig Gott groß: ihm, der diesen Sprung tut, zu dem das ganze Alte Testament uns aufmuntert, offenbart Jesus das Geheimnis. Ihn bittet man: „Zeig uns den Vater" (14,8).

Das ist die große Bitte Moses und der Psalmen: „Laß uns Gottes Antlitz schauen!" Und Jesus antwortet: „Wer mich gesehen hat, hat den Vater gesehen" (14,9); Jesus ist Gegenwart des einzigen und uns unzugänglichen Gottes, nämlich Gott, der sichtbar geworden ist und sich uns zur Verfügung gestellt hat. Doch klingen diese Worte sehr banal, wenn man nicht durch das läuternde Feuer der vollkommenen Sehnsucht nach Gott gegangen ist: sie bleiben etwas, dessen tiefere Bedeutung man nicht erkennt. Und eben deshalb spricht einzig Johannes unter den Evangelisten vom Wort, das Fleisch geworden ist; die andern reden viel schlichter vom Menschen Jesus, der sich als Gottes Sohn erweist. Johannes setzt schon eine reifere und durchdachtere Religiosität voraus, die bereits den Sinn für das Absolute erworben hat.

Was ist die Konsequenz dieses Wortes Jesu: „Wer mich gesehen hat, hat den Vater gesehen"? Sie besteht darin, daß Johannes sagen kann: „Wir haben seine Herrlichkeit gesehen, die Herrlichkeit des einzigen Sohnes vom Vater" (1,14). Wie immer also Jesus sich gibt, immer ist es eine Offenbarung des Vaters. Somit können wir das ganze Leben Jesu betrachten und darin das Geheimnis des Gottes unter uns, des offenbar gewordenen Gottes anbeten. Jesus, der Nikodemus aufnimmt, ist der unsichtbare Gott, der als Freund uns aufnimmt. Jesus, der den Jüngern auf ihre Frage: „Wo wohnst du?" brüderlich antwortet: „Kommt und seht!", ist der Ewige, er, den wir aus tiefstem Herzen ersehnen. Jesus, der die Situationen des Menschenlebens verwandelt – die Verlegenheit in Kana wie die völlige Hilflosigkeit des Gelähmten –, ist Gott, ist der Ewige, der Transzendente, der ein Herz für unser Elend hat und uns großzügig mit seiner Macht beschenkt. Jesus, der das Dunkel des Blindgeborenen aufreißt, ist Gott, der in seiner Güte unseren Weg erleuchtet. Mit einem Wort: Jesus ist der „Gott unter uns", und in seinem Antlitz schauen wir die Liebenswürdigkeit Gottes selbst.

Der heilige Ignatius hält uns an, uns nicht nur Jesu zu erinnern, der Mensch geworden ist, sondern Jesu, der *für mich* Mensch geworden ist, das heißt, Jesu – dabei beziehe ich mich unter den verschiedenen Texten hauptsächlich auf Joh 15,3 –, der *sein Leben hingibt für die Sei-*

nen. Dieser Worte bedienen wir uns noch nicht im Sinne der Passion – Jesus, der für die Seinen den Tod auf sich nimmt –, sondern wir betrachten sie vor allem im Sinn der Menschwerdung und des Lebens; er gibt sein Leben hin, das heißt, er lebt für uns, seine Freunde. So offenbart er uns nicht nur das Antlitz des Vaters, das Antlitz Gottes – jenes Gottes, den wir schauen wollen –, sondern er tut uns Gott kund, der für uns Gott ist, Gott, der für uns lebt – wenn wir so sagen dürfen –, Gott, der für uns sein Teuerstes dahingibt: Gott, der die Welt so geliebt hat, daß er seinen Sohn dahingibt, nicht nur in der Stunde des Kreuzes, sondern als Leben unter uns. Hier enthüllt sich uns ein ganz neuer Sinn der Wirklichkeit: ein zugleich tiefer und sehr einfacher Sinn. Was ist der Sinn unserer menschlichen Situation, den Jesus uns enthüllt, der Gott unter uns und für uns ist? Daß wir von Gott geliebt sind. Von Gott geliebt, wie dunkel und unbedeutend auch immer unsere augenblickliche Situation sein mag. Das ist letztlich die Bedeutung der ganzen Wirklichkeit, aller Dinge, aller Situationen: Wir sind von Gott geliebt, wie verlassen wir uns auch vorkommen mögen.

Das ist die verwandelnde Botschaft, die, ändert sie äußerlich auch nichts, in Wirklichkeit doch die Bedeutung meines Seins umkehrt: Mag ich mich auch verlassen und verloren fühlen in einer sinnlosen Welt, in der Zufall und eherner Zwang zu herrschen scheinen, ich bin von Gott geliebt: Gott gibt sich für mich hin und gibt für mich das Teuerste, was er hat. Das ist Jesu Botschaft, die eigentliche Botschaft seiner Gegenwart unter uns.

3. Aufgerufen, in ihm das Leben zu finden

Diese Botschaft reicht offensichtlich noch weiter. Wir können hier nur den einen oder andern Gesichtspunkt aufweisen, weitere Hinweise werden wir später noch vertiefen müssen.

Jesus ist nicht nur Gott unter uns, sondern ruft uns auf, in ihm zu sein. Also ist nicht nur jeder einzelne von Gott geliebt, er wird gesucht, wird aufgenommen, wird gerufen, wird ersehnt in seiner Einsamkeit, wo niemand uns helfen kann. Sogar gerade die menschliche Situation der Verlassenheit – die man in der letzten Stunde erfährt, die uns aber auch als eine der Möglichkeiten unseres Daseins begleiten kann –, wird nicht nur durch den Gott unter uns und mit uns und für uns zur Rettung, sondern sie wird auch noch zum Nährboden, der unsere Gemeinschaft in Jesus hervorbringt. Hier denke ich an die Johannes-Stelle 11,51–52: Jesus ist gekommen, „um die versprengten Kinder Gottes wieder zu sammeln", nämlich, um uns spüren zu lassen, daß wir nicht nur als Einzelne in unserer Verlassenheit von ihm geliebt werden, sondern auch als Gruppe von versprengten und wieder zur Einheit versammelten Menschen.

Wir sind somit von ihm geliebt und zugleich aufgerufen, in ihm zu leben. Wir in ihm und, wie dann Johannes 14,20 und 17,21–23 sagt, er im Vater. Und da wir in Gott sind, erweist sich unser Leben auf Erden mit einem Mal als Leben unter Brüdern: da wir uns als von Gott geliebt erkennen, können wir einander lieben. Anders ausgedrückt: Das Werk des Wortes unter uns ist eine Gemeinschaft derer, die aus ihrer Vereinzelung, aus ihrer Verlassenheit gerettet worden sind; eine Gemeinschaft von Personen untereinander und mit ihm im Vater, die vornehmlich in der Kirche Gestalt annimmt. Hier eröffnet sich uns schon ein Ausblick auf die ekklesiale Bedeutung des Johannesevangeliums.

Das Geheimnis des für mich menschgewordenen Wortes hat einen weiteren Aspekt, über den wir meditieren können: das Geheimnis des Dienens. Dabei können wir uns auf die wichtigste Stelle berufen zu Beginn des Kapitels 13: „Jesus wußte, daß ihm der Vater alles in die Hand gegeben hatte, und stand vom Mahl auf" und begann zu dienen (13, 3). Hier liegt der Ausgangspunkt für eine ganze Reihe von Überlegungen, die sich aus der demütigen Erscheinung Gottes unter uns ergeben.

Ignatius hat den Zusammenhang der Herrlichkeit des Gottes unter uns mit der Demut der menschlichen Erscheinung Jesu ganz klar erfaßt. Demut, die Johannes an sich nicht zum Lehrgegenstand erhebt, es sei denn hier im Kapitel 13 und dann in der Leidensgeschichte; sonst ist wirklich alles Handeln bei Johannes ein Handeln in Herrlichkeit: das Handeln des herrlichen Gottes unter uns, der heilt, erleuchtet, Streitgespräche führt und siegt. Wenn wir allerdings näher zusehen, wie sich diese Herrlichkeit Gottes darstellt, entdecken wir, daß Johannes uns praktisch ein kleines Leben vorführt, unter kleinen Leuten, voller Armseligkeit und Streitereien, das schließlich mit einem unrühmlichen Tod zu Ende geht. Trotzdem sagt er: „Ich habe die Herrlichkeit Gottes gesehen." Genau hier hat das Geheimnis des Dienens seinen Ort – des Verborgenseins: der Gott unter uns offenbart sich als verborgener Gott und als Diener. Hier erschaut man die Herrlichkeit Gottes, hier erblickt unsere Sehnsucht, die ruft: „Zeig mir dein Antlitz, Herr, zeig mir deine Herrlichkeit", einen Menschen, der mit einfachen Leuten verkehrt in einer Situation, die gesellschaftlich belanglos und politisch wahrhaft anstößig ist. Es gibt nicht nur das Ärgernis des Kreuzes; das ganze Leben Jesu ist ein Ärgernis: „Aus Nazaret? Kann von dort etwas Gutes kommen?" (1,46).

Schließen wir diese Meditation mit der Bitte, Jesus, der im Schoß Mariens – wie Ignatius uns ihn betrachten läßt –, Fleisch angenommen hat, möge uns die Kraft und den ganzen Eifer aller Messianismen des Westens geben und vom gesamten Pantheismus des Ostens die heilige Ehrfurcht vor jeder Wirklichkeit, das heißt, die Fähigkeit, sie für das Göttliche durchsichtig zu machen, indem wir seine Gegenwart unter uns anbeten und alles, was seine Gegenwart in unserer Mitte ausdehnt und verwirklicht.

Bitten wir aber auch darum, daß all unser Sehnen von der wirklichen Gegenwart des Wortes Gottes unter uns gestillt wird.

Achte Meditation

Drei Arten der Gegenwart Christi

Wir müssen nun mit der Analyse einiger Dimensionen der Menschwerdung beginnen und werden das in Geduld und friedlichem Einvernehmen tun müssen, da wir uns alle dessen bewußt sind, daß die Botschaft des Johannes uns umso bedeutungsreicher erscheint, je weiter wir vordringen; und das, was wir davon aufnehmen können, ist wenig, sehr wenig. Daher wollen wir darum beten, daß es uns gelingt, wenigstens den Saum am Gewand des Herrn zu berühren und wenigstens ein paar von den Krumen zu erhaschen, die vom Tisch des Johannes fallen. Übrigens ist die tiefste Bedeutung des Christentums nicht der Philosophie und Dogmatik anvertraut; sie verbirgt sich vielmehr unter dem Schleier von Allegorien und Symbolen und enthüllt sich nur dem, der geistlichen Sinn besitzt. Dieser geistliche Sinn ist unbedingt erforderlich, wenn wir bei unserer Betrachtung des Johannesevangeliums darangehen, Symbole und Hinweise für die Gegenwart Christi in der Zeit zu suchen – sie kommen auch indirekt darin vor.

Als Vorübung für diese Meditation – die sich ja eher im Abstrakten bewegt und durch solch eine Vorübung als Meditationshilfe konkreter gefaßt werden kann, wenden wir uns der Szene der Brotvermehrung zu. Stellen wir uns vor, wir sehen Jesus, wie er mitten unter diesen bunt zusammengewürfelten Menschen, die von überallher zusammengeströmt sind, seine Gabe vermehrt. Und bitten wir um die Gnade, diese Gabe Jesu und ihre Vermehrung in Raum und Zeit zu verstehen. Oder – in Abwandlung der von Ignatius empfohlenen Vorübung –, bitten wir um Erkenntnis des fleischgewordenen Wortes in allen Dimensionen seiner Gegenwart, um es lieben und ihm folgen zu können, wo immer es sich befindet, in allen konkreten Formen, in denen es sich mir zeigt (vgl. Nr. 104).

Wem gilt die Gegenwart Gottes unter uns, mit uns und für uns?

Die Frage, die diese Meditation beantworten möchte, lautet: Wem gilt die Gegenwart Gottes unter uns, mit uns und für uns? Gilt sie nur denen, die Jesus in seinem Erdenleben begegnet sind und deren Geschicke im Johannesevangelium aufgezeichnet sind? Gewiß nicht. Wir wissen, daß Johannes uns Nikodemus, die Samariterin, den Gelähmten, den Blindgeborenen, ja sogar die Jünger in Jesu Umgebung nur vor Augen führt, insofern sie Modellfälle sind, an denen man Gottes ständiges Handeln in Christus unter uns ablesen kann. Und doch steht Jesus Christus nicht so vor uns, wie er vor Nikodemus, der Samariterin und dem Gelähmten stand. Er kehrt vielmehr zum Vater zurück und betont nachdrücklich die Notwendigkeit seiner Rückkehr. Wie kommt dann unsere Verbindung mit dem Gott unter uns in Jesus zustande? Kommt sie nur durch Erinnerung zustande oder durch die Lektüre des Buches oder den Vortrag des Buches in unserer Mitte oder durch die Verkündigung, die die darin enthaltenen Ereignisse berichtet? Das wäre schon etwas, denn es brächte zumindest Jesu Geist unter uns, wobei wir seinen „Geist“ als die

Fortsetzung seines Wirkens verstehen. Das wäre, anders ausgedrückt, die Art und Weise, wie Markus die Auferstehung behandelt: Jesu Werk geht weiter, die Stoßkraft seiner Botschaft wirkt in der Menschheit weiter.

Doch Jesus hat uns in seiner Predigt mehr gesagt. Nehmen wir etwa den Schlußvers der Ostererscheinung vor Thomas: „Selig sind, die nicht sehen und doch glauben" (20,29); und ebenfalls aus der Offenbarungsrede: „Es ist gut für euch, daß ich fortgehe" (16,7). Das physische Entschwinden Jesu führt also zu bleibenden – und gewissermaßen besseren – Formen seiner Gegenwart: zu Gegenwartsformen, von denen wir mehr haben, weil sie nicht an die Grenzen von Raum und Zeit gebunden und geeignet sind, uns für das wahre Suchen Christi in den konkreten Gegebenheiten der Welt zu erziehen.

Formen der Gegenwart Jesu

Betrachten wir deshalb einige dieser Gegenwartsformen Jesu, die ich so auswähle, daß sie Gelegenheit bieten, auch noch über weitere nachzudenken. Bei dieser oder jener anderen Form werden wir im folgenden noch eigens verweilen, wenngleich wir dieses Thema sicher nicht erschöpfend behandeln können. Die drei Formen, denen wir uns widmen, sind: *die sakramentale Ordnung, die Ordnung des Gemeindelebens* und *die Ordnung des Geistes.* Ich spreche von „Ordnung", weil ich nicht gern von einer Gegenwart Jesu in den Dingen rede und es auch schwierig finde, von der Gegenwart Jesu in Personen zu reden, da dies ein wenig auf Vergötzung oder Trug hinauslaufen könnte. Wenn ich dagegen von „Ordnung" spreche, nämlich von Dingen, Personen und Situationen in ihren wechselseitigen Beziehungen, so ist damit auf eine Gegenwart Christi angespielt, die eher geeignet ist, den Geist zu läutern, zumal damit etwas über Wirkweisen und Kräfte ausgesagt ist, die uns der immer im Hinterhalt lauernden Gefahr entziehen, uns in götzendienerischen Haltungen abzukapseln.

Im Johannesevangelium zeigt Jesus Formen seiner Gegenwart und seines Heilswirkens, die der erleuchtete Christ, zumal der Älteste – der darin ja schon Erfahrung besitzt –, in den Gesten und Handlungen wiedererkennt, die man in der Gemeinde auf Jesu Weisung ausführt. So läßt das Johannesevangelium uns hinter den Gesten, Verhaltensweisen und Taten Jesu, die es uns vor Augen führt, in Wirklichkeit Gesten, Verhaltensweisen und Taten erkennen, die das Leben der Gemeinde betreffen. Sein Inhalt ist also nichts anderes als die Gegenwart Jesu, wie man sie an diesen Ausdrucksformen des Gemeindelebens ablesen und erschauen kann.

1. Die sakramentale Ordnung

Betrachten wir einige Beispiele für das, was wir die sakramentale Ordnung genannt haben.

In Joh 3,5 erwähnt Jesus dem Nikodemus gegenüber eine Wiedergeburt aus dem Wasser, die in uns die völlige Erneuerung bewirkt. Ganz für sich genommen ist dieser Ausspruch völlig rätselhaft. Wenn wir aber beim Lesen des ganzen Gesprächs mit Nikodemus daran denken, daß es sich um eine Taufkatechese handelt, so haben wir den Schlüssel zu seinem Verständnis: hier ist die Rede von einer Wiedergeburt aus dem Wasser in der Gemeinde, die im Hinblick auf die Umgestaltung, die Jesus dem Nikodemus verkündet, Gottes Gegenwart erkennen läßt.

Ebenso kann man hinter der ganzen Erzählung vom

Blindgeborenen (9,1–39) eine Unterweisung über die Taufe feststellen, die als schrittweise Erleuchtung des Christen gesehen wird, in deren Etappen man sogar einzelne Phasen des Katechumenats genau ausmachen könnte. Die Erzählung vom Gelähmten (5,1–14.24ff) beschreibt ihrerseits die Taufe als schrittweise Auferstehung.

In ähnlicher Weise kann man dem nachgehen, was mit dem Thema „Brot" zu tun hat. Das ganze Kapitel 6 spricht von einem geheimnisvollen Genuß des Brotes, wobei Christus unsere Nahrung ist, Christus, dessen Macht wir in uns aufnehmen. Tatsächlich läßt sich das ganze Kapitel 6 als eine große Eucharistiekatechese lesen, die sich auf das bezieht, was man seitens all derer, die vom eucharistischen Brot essen, in der Gemeinde tut, die Christus mit seiner Macht und seiner Gegenwart bei sich aufnimmt.

Jesus verkündet auch eine Reinigung durch sein Wort (15,3) und für die, denen sie vergeben werden, eine Vergebung der Sünden (20,33), worin sich sein Heilswirken fortsetzen soll, das Werk, das Jesus vollbracht hat, als er zu dem Gelähmten sagte: „Deine Sünden sind dir vergeben." Auch der Samariterin sagt er das und verkehrt so die menschlichen Verhältnisse in ihr Gegenteil, indem er sie aus der Finsternis ans Licht bringt.

Das Leben Christi ist somit in der Gemeinde gegenwärtig, indem es sich in der sakramentalen Ordnung auf vielerlei Weise entfaltet. Was dem Gelähmten, dem Blindgeborenen, der Ehebrecherin widerfahren ist, geschieht heute im Kontakt mit dem sakramentalen Zeichen. Dies ist also eine der vorrangigen Formen der Heilsgegenwart des fleischgewordenen Wortes unter uns. Doch noch weiter: Im Bericht von der Kreuzigung Jesu ist die Rede vom Wasser und vom Blut, die aus seiner durchbohrten Seite austreten (19,34). Wir stoßen auch auf eine redaktionelle Randbemerkung, die die Bedeutung des Textes unterstreicht: „Und der, der es gesehen hat, hat es bezeugt, und sein Zeugnis ist wahr" (19,35). Auch hier ist die Gemeinde mitgemeint. Wasser und Blut stehen für die sakramentalen Zeichen, die die Wiedergeburt aus dem Wasser der Taufe und das Trinken des eucharistischen Blutes Christi sind: sie sind die Gegenwart des Gottes für uns in unsrer Mitte, Christi, der für uns sein Leben hingibt. So haben wir nicht nur Christus, der der Ehebrecherin vergibt, der den Gelähmten und den Blindgeborenen heilt, unter uns, sondern den Jesus, der für uns stirbt und uns in den Sakramenten sein Leben und seinen Tod schenkt.

2. Die Ordnung des Gemeindelebens

Die zweite Form der Gegenwart Christi, auf die ich hingewiesen habe, besteht in der Ordnung des Gemeindelebens.

Jesus sagt, er sei gekommen, „um die versprengten Kinder Gottes wieder zu sammeln" (11,52). Er betet für die, die durch das Wort der Apostel an ihn glauben werden, damit sie eins seien wie er mit dem Vater, „so sollen sie vollendet sein in der Einheit" (17,20–23). Jesus sorgt und betet wirksam für diese Einheit der Gläubigen. Daher wirkt Jesus in uns und wirkt auch immer weiter durch sein Eintreten für uns beim Vater. Aber nicht nur als heilende und verwandelnde Kraft am Individuum, wie er mit dem Gelähmten und dem Blindgeborenen gehandelt hat, sondern als Kraft, die die Gemeinde eint. Zwei andere Texte lassen sich in diesem Zusammenhang noch anführen: „Frieden hinterlasse ich euch, meinen Frieden gebe ich euch" (14,27), und „meine Freude sei in euch" (15,11). Jesus ist in unserer Mitte als Element, das Einheit, Liebe, Freude und Frieden stiftet, indem er uns, die ihn im Glauben angenommen haben und durch die sakramentale Ordnung zum Heil gekommen sind, zu einer einzigen Gemeinschaft macht. Jesus ist die Kraft, die diese Einheit schafft, denn mit seinem Gebet und seinem Wirken in den Sakramenten stiftet er sie immer wieder neu.

Fragen wir uns nun, welchen Gesetzen dieses Zusammenleben mit Jesus folgt. Das Johannesevangelium verkündet sie als bleibende Gesetze der Gemeinde, die seine fortwährende Gegenwart in unserer Mitte gewährleisten. Hauptsächlich sind es zwei. Das erste wird in der Erläuterung zur Fußwaschung genannt (13,12–17): es ist das Gesetz des gegenseitigen, demütigen und entsagungsvollen Dienens. Das zweite Gesetz, das sich nur formell vom ersten unterscheidet, ist das „neue Gesetz": „Liebt einander, so wie ich euch geliebt habe" (15,12); einer muß sich dem andern schenken, um den Preis seiner selbst. Diese Gesetze – im Grund nur ein einziges Gesetz – sind es, denen die Einheit der Gemeinde folgt. Offensichtlich setzt Johannes alle Anweisungen voraus, die Mattäus im Kapitel 18 zu den Regeln des kirchlichen Gemeindelebens anführt, aber er sucht sich unter all diesen Geboten das Wesentliche heraus, das eben in Christi Gegenwart unter uns als einigender Kraft und unserer Gegenwart in ihm besteht. Zu ihr gelangt man durch das Ja zueinander und durch das Leben in Einheit.

Im Zusammenhang mit dem Liebesgebot fällt auf, daß wir im Johannesevangelium überhaupt nur dieses Gebot finden; aber es ist so wichtig, daß es zweimal vorkommt: 13,34 und 15,12.17. Bekanntlich fehlt bei Johannes der

Bericht über die Einsetzung der Eucharistie. Seinen Platz nimmt, wenn wir der Meinung einiger Exegeten folgen, nicht nur die Fußwaschung ein, sondern fast noch eher die Erwähnung des neuen Gebotes: Es würde dann zum Ausdruck bringen, was für Johannes das eucharistische Mahl bedeutet. Übrigens wird in einigen ostkirchlichen Liturgien genau auf dem Höhepunkt der eucharistischen Feier das neue Gebot verkündet, was man dahingehend auslegen darf, daß Eucharistie und Liebesgebot unmittelbar zusammenhängen.

Gehen wir noch etwas näher auf dieses Gebot ein. Sein eigentliches Anliegen ist, meines Erachtens, die innerkirchliche Bruderliebe, also die gegenseitige Liebe derer, die Jesus erkannt und an ihn geglaubt haben, nun seine Freunde sind und einander lieben, wie Jesus sie geliebt hat. Wir könnten uns die Frage stellen, ob in diesem Stück auch das Gebot der Liebe schlechthin enthalten sei. Ich glaube, darum geht es nicht in erster Linie. Und das mag erstaunen, denn gelegentlich stützt man sich auf diesen Text, wenn man feststellt: Das Christentum ist die Liebe zum Menschen, zu allen Menschen. Das stimmt ganz sicher; hier indes wird eine besondere Form der Liebe zum Gebot erhoben, nämlich die innerkirchliche gegenseitige Liebe derer, die im Namen Jesu das Heil erlangt haben. Selbstverständlich umfaßt dann auch das Johannesevangelium alle Menschen mit seinem Blick; heißt es hier doch, daß „Gott die Welt so sehr geliebt hat, daß er seinen einzigen Sohn hingab" (3,16). Also ist auch die Liebe der Jünger auf die ganze Welt gerichtet. Und allen müssen die Jünger die Frohbotschaft bringen, da sie den Auftrag erhalten haben, die allumfassende Liebe des Vaters weithin zu verkünden: „Wie mich der Vater gesandt hat, so sende ich euch" (20,21). Gleichwohl bleibt es dabei, daß dieser Text eigentlich unsere Liebe zueinander innerhalb der Gemeinde im Auge hat. Das ist es, worauf der Herr besteht.

Daraus ergibt sich, wie unsinnig es ist, uns über Seelsorgsmethoden oder die verschiedenen Methoden, „Kirche zu schaffen", zu entzweien, da doch die einzige Weise, „Kirche zu schaffen", die ist, daß wir uns gegenseitig beieinander verdingen, und die vorzüglichste Seelsorgsmethode die Herzensgüte zueinander. Jetzt können wir verstehen, daß diese nachdrückliche Forderung Jesu uns erschreckt und richtet: handelt es sich doch nicht einfach um eine allgemeine Liebe schlechthin, sondern um eine Liebe, die etwas ganz Bestimmtes erheischt.

Wenn man diese innerkirchliche Bruderliebe lebt, so entsteht aus ihr die Liebe zu den „versprengten Kindern Gottes" (11, 52) und somit die Kraft, für Gott Freunde zu gewinnen und sie, wo immer man sie antrifft, auf ihrem Weg zu Gott zu erkennen. Diese Bruderliebe darf nicht mit einer allgemein wohlwollenden Einstellung verwechselt werden, wenngleich sie diese natürlich voraussetzt. Sie geht schon davon aus, daß es zu einer gewissen Sympathie, mit der menschliche Wesen einander annehmen, bereits gekommen ist, einer Sympathie, die nicht spezifisch christlich, sondern – Gott sei Dank –, auch atheistisch ist, insofern als alle Menschen als solche einander lieben können und müssen und man ihnen dabei helfen muß.

Die Bruderliebe hingegen ist Frucht eines besonderen Eingreifens Gottes, der sich in die Geschichte einschaltet, um dieser allgemeinen, schon vorhandenen Sympathie neue Lebenskraft zu geben. Doch halte ich es für wichtig, die beiden Bereiche auch theoretisch auseinanderzuhalten, ohne sie verallgemeinernd miteinander zu verwechseln.

3. Die Ordnung des Geistes

Die dritte Form der Gegenwart Christi wird zur lebendigen Wirklichkeit kraft dessen, was ich die Ordnung des Geistes genannt habe.

Der Geist wird im Johannesevangelium oft erwähnt. Besonders wichtig sind fünf Stellen, die sich in den Offenbarungsreden (Kapitel 13–16) finden: fünf Hinweise, die wir wie folgt gliedern können.

An erster Stelle ist zu nennen die einleitende Erwähnung in Joh 14,16–17: Jesus verheißt den Geist. Bemerkenswert ist die Verschiedenheit der in den beiden Versen vorkommenden Präpositionen: „Ich werde den Vater bitten, und er wird euch einen anderen Beistand geben, der für immer bei euch bleiben soll" – es geht also um die dauernde Gegenwart des Geistes bei den Seinen –, und: „Der Geist der Wahrheit, den die Welt nicht empfangen kann, weil sie ihn nicht sieht und nicht kennt. Ihr aber kennt ihn, weil er bei euch bleibt und in euch sein wird", was gleichbedeutend ist mit: „Jetzt ist der Geist bei euch in der Gegenwart Christi: in euch wird er sein, wenn er in seiner Fülle gegeben wird."

Nach diesem einleitenden Text gibt es noch vier Stellen, die paarweise zusammengehören. Zwei davon betreffen den Geist als Lehrer und Führer (14,26; 16,13), zwei den Geist als Zeugen und Verteidiger (15,26; 16,8–10). Man nimmt also an, daß die Christen in einer Umgebung wirken, die sie offen ablehnt und sich dem Glauben widersetzt; in diesem Zusammenhang ist es der Geist, der ihnen hilft, indem er sie anregt und sie beschützt.

Außer diesen fünf wichtigsten Textstellen könnte man noch die „Ströme von lebendigem Wasser" anführen, die offen auf die Gabe des Geistes anspielen (7,38f), wie auch die Versicherung, derzufolge „der Geist unbegrenzt gegeben wird" (3, 34). Meinerseits möchte ich allerdings versuchen, die Frage, was die Gegenwart des Geistes im Leben der Kirche konkret bedeutet, damit zu beantworten, daß sie die weiter andauernde Gegenwart Christi und die Kraft Christi in uns ist. Dorthin weisen folgende Spuren: der Geist ist richtungweisende Kraft, einigende und auferbauende Kraft, Kraft der Neuheit und des Einfallsreichtums und Kraft des Trostes.

a) Vor allem ist der Geist *richtungweisende Kraft:* „Er wird euch in die ganze Wahrheit führen" (16, 13; vgl. 14, 26). Der Geist wird euch bei jeder rechten Regelung der Dinge nach Gottes Plan führen. Hier können wir uns an den Anfang der „Geistlichen Übungen" erinnern, die man macht, „um sein Inneres zu ordnen und so den göttlichen Willen zu suchen und zu finden in der Ordnung des eigenen Lebens" (Nr. 1 und Nr. 21). Genau das ist die Hauptaufgabe des Geistes, der uns die innere Ausrichtung gibt, die Jesus eigen ist und die man in seiner zweifachen Bewegung des Ausgangs vom Vater und der Rückkehr zum Vater zusammenfassen könnte. Hierin liegt gleichsam die Kurzformel für das, was in Christus die „Ordnung" ausmacht. Der Geist ordnet uns, er richtet uns aus, wie es der zweifachen Bewegungsrichtung Jesu entspricht. Und gerade solch eine Ausrichtung ist es, die sich mit der Finsternis und der Verwirrung nicht verträgt, über die wir zu Beginn dieser Exerzitien unsere Betrachtung angestellt haben.

b) Der Geist ist *einigende und auferbauende Kraft.* Hier erlaube ich mir, das Johannesevangelium außer acht zu lassen und erwähne einen Text, der vielleicht der inhaltsreichste zu diesem Thema im Neuen Testament ist: „Die Frucht des Geistes ist Liebe, Freude, Friede, Langmut, Freundlichkeit, Güte, Treue, Sanftmut und Selbstbeherrschung" (Gal 5,22). Das ist es, was der Geist in der Kirche zeitigt. Wo diese Früchte sichtbar sind, dort ist der Geist, und demzufolge ist dort, wenn der Geist all dies wirklich in Gang gesetzt hat, Christus zugegen.

c) Darüber hinaus, daß der Geist diese einigende und auferbauende Kraft ist, die durch die Liebe, das Verständnis, die Geduld, das Wohlwollen und die Treue wirkt, ist er in der Kirche als *erneuernde und schöpferische Kraft* zugegen. Tatsächlich ist der Geist das lebendige Wasser, das sich ständig erneuert und immer wieder in den verworrensten Situationen den Weg zu den einfachsten Lösungen weist, und das so verblüffend neu und einfach, daß man eben daran die Gabe von oben erkennt. Man braucht nur an Papst Johannes XXIII. zu denken, an dem man vielleicht diese Vereinfachungs- und Verwandlungskraft der Geistes mit am besten ablesen konnte.

d) Schließlich ist es der *Geist, der tröstet, der stützt* und in der Prüfung Beistand leistet. Die Ablehnung, die der Glaube in der Welt erfährt, ruft tiefe Traurigkeit hervor. Es gibt wohl nicht Traurigeres, als den Glauben anzubieten und verschmäht zu sehen oder sich gegen einschränkende Auslegungen des Glaubens, die sogar versuchen, uns um uns selbst und wieder „auf den Boden" zu bringen, verteidigen zu müssen, dabei beweisend, daß unser Glaube keineswegs Nichts ist. Allerdings hat Jesus die Jünger gewarnt: „Ihr werdet bekümmert sein" (16,20). So ist es wiederum der Geist, der uns tröstet und uns wieder das Gespür für Gottes Absicht gibt, das heißt die wirkliche Gegenwart von Gottes Liebe in der Welt, und also auch für seine Absichten in uns, in der Kirche und in der Menschheit. Deshalb sagt Jesus: „Euer Herz lasse sich nicht verwirren" (14,1).

Doch auch Jesus hat sich, um bei der Wahrheit zu bleiben, ein paarmal erschüttern lassen. Er war es in dem Augenblick, da er an das dunkle Drama seiner Passion dachte (12,27), und er war erschüttert angesichts der ablehnenden Haltung des Judas (13,21). So dürfen wir uns nicht wundern, wenn auch unser Herz schon einmal irritiert und erschüttert ist. Gleichwohl fordert Jesus uns auf, nicht Opfer unserer Erschütterung zu bleiben, hilft uns doch der Geist in einer Gegenbewegung, die die Dinge wieder zurechtzurücken und die wahre Bedeutung der Wirklichkeit wiederherzustellen vermag.

Beschließen wir also unsere Meditation mit einer Zusammenfassung der Botschaft des Johannes. Der Evangelist sagt dem Ältesten: „Tu deine Augen auf und schau auf Christus, der dir in deinem Lebensalltag entgegenkommt: in deinem sakramentalen Leben, in deinem kirchlichen Gemeindeleben und besonders bei deinem ganzen Tun, in dem du den Geist spürst, der dich bewegt, der die andern bewegt, der euch zusammenschließt und dem Leben in der Kirche Gestalt verleiht. Christus ist für dich da." Wir können auch schließen mit Berufung auf das Zwiegespräch, zu dem der heilige Ignatius rät (vgl. Nr. 104): Bitten wir darum, immer mehr in der Erkenntnis des für uns fleischgewordenen Wortes zu wachsen und es in der sakramentalen Ordnung, im Leben mit den Brüdern und in der Ordnung des Geistes zu erkennen, damit wir es lieben und ihm nachfolgen können, wie immer es sich uns zeigt.

Neunte Meditation

Der Glaube und seine Konsequenzen

In dieser Meditation wollen wir das weite Thema „Glauben" ein wenig sondieren. Danach werden wir insbesondere der Frage nach den weltlichen Konsequenzen der Inkarnation nachgehen. Unser Thema richtet sich auf einen Aspekt des Evangeliums nach Johannes, der sehr wichtig ist und nicht übergangen werden darf.

Eigentlich spricht Johannes nie vom *Glauben:* das Substantiv „Glaube" kommt in seinem Evangelium nicht vor; allerdings erscheint das Verb „glauben" gut achtundneunzigmal – während wir es bei Paulus, der doch der Apostel des Glaubens ist, nur vierundfünfzigmal finden. Zugleich aber muß man sagen, daß, wenn Paulus das Verb „glauben" nur vierundfünfzigmal hat, das Substantiv „Glaube" (pistis) in seinen Briefen wenigstens hundertfünfzigmal vorkommt, den Hebräerbrief nicht mitgerechnet. Proportional steht Paulus also noch günstiger da. Das Fehlen des Ausdrucks „Glaube" bei Johannes stellt eines der Geheimnisse des Neuen Testaments dar, das nur schwer zu erforschen ist, läuft das Wort „Glaube" doch wie ein roter Faden durch das ganze Neue Testament. Wenn Johannes es nicht benutzt, ist das ein Zeichen dafür, daß er es ausdrücklich vermeiden will. Er wird es ein einziges Mal benutzen, wenn er in seinem ersten Brief feststellt: „Das ist der Sieg, der die Welt besiegt hat: unser Glaube" (1 Joh 5,4).

Anderseits kommt das Verb „glauben" oft genau auf den Höhepunkten vor, insofern als fast jede Szene diesem Aufbau folgt: Offenbarung Jesu – Antwort des Glaubens oder des Unglaubens. Zum Beispiel offenbart sich Jesus dem Natanael und sagt dann: „*Du glaubst,* weil ich dich gesehen habe" (vgl. 1, 50). Am Schluß der Begebenheit von Kana „*glaubten*" die Jünger (2, 11). In Jerusalem wirkt Jesus Zeichen, und „viele *kamen zum Glauben*" (2, 23), u. s. w. Schon aus diesen wenigen Stellen erkennt man, daß dieses Wort Bedeutungen hat, die sozusagen ziemlich fließend sind: es bedeutet nicht immer ein und denselben Akt, d. h. nicht nur den vollkommenen Glauben, sondern auch eine ganze Reihe von Abstufungen; mit andern Worten, es ist ein Verb, das sich einer eindeutigen Definition entzieht. Das gilt auch für andere Vokabeln bei Johannes, was nicht allzu verwunderlich ist. Was uns betrifft, so genügt es, immer zu bedenken, daß keine Definition möglich ist, die alles enthält, was Johannes mit dem Verb „glauben" meint.

In dieser Meditation geht es zuerst kurz um die Bedeutung des Glaubens im Johannesevangelium. Danach werden wir ihn summarisch zu beschreiben versuchen, um anschließend noch etwas über die Verhaltensweisen zu sagen, zu denen er uns führt. Auch über die *Früchte* des Glaubens werden wir sprechen. Schließlich wollen wir unser Interesse ein wenig auf die Formel „In allen Dingen Gott suchen" richten.

1. Was Glauben bedeutet

Die Bedeutung des Glaubens im vierten Evangelium geht daraus hervor, daß das „Werk Gottes" auf ihn abzielt. Schon in Joh 6,29 lesen wir: „Das ist das Werk Gottes, daß ihr ... glaubt." Also geht das ganze Werk Gottes – das Werk, das wir in 4,34 betrachtet haben: „Ich bin gesandt, das Werk Gottes zu Ende zu führen" –, dahin, daß man glaubt. Daraufhin ist auch das ganze Evangelium ausgerichtet: „Diese (Zeichen) sind aufgeschrieben, damit ihr glaubt, daß Jesus der Sohn Gottes ist" (20,31). Der genaue Sinn dieses Verses ist nur zu erfassen, wenn man „Glauben" als Vertiefung des bereits empfangenen Glaubens versteht. Das vierte Evangelium ist nicht geschrieben worden, „damit ihr zum Glauben kommt," sondern, „damit ihr glaubt, daß Jesus der Sohn Gottes ist" mit allen Konsequenzen, die sich daraus ergeben. Und wenn ihr daher diese Konsequenzen bereitwillig auf euch nehmt, sollt ihr in ihm die Fülle des Lebens haben. Das ist das Ziel der dem Ältesten vorgeschlagenen Meditation.

Für Johannes ist der Glaube auch schon das ewige Leben; ist es doch Glaube, den Sohn zu erkennen, den der Vater gesandt hat, und dieses Erkennen ist „ewiges Leben"(17,3).

2. Die Vielschichtigkeit des Glaubens

Für den Versuch, diesen Glauben zu beschreiben, lassen sich im vierten Evangelium zwei wichtige Anhaltspunkte finden: der eine, wenn wir den Gegenstand des Glaubens, der andere, wenn wir die mit diesem Glauben sinnverwandten Wörter bei Johannes näher untersuchen. Betrachten wir deshalb zunächst eine Reihe von Stellen, die uns ein klares Bild von dem ermöglichen, was Johannes mit dem Verb „glauben" sagen will.

Was ist der Gegenstand des Glaubens? Im Neuen Testament ist der Gegenstand des Glaubens immer mehr oder weniger gleichbedeutend mit dem Heilsgeheimnis. Bei Paulus stehen dabei Tod und Auferstehung Jesu im Vordergrund, bei Johannes vor allem „Jesus, der Sohn Gottes und Erlöser". Daher ist der einzige und zentrale Gegenstand des Glaubens *Jesus,* wie er konkret als Sohn vom Vater her gekommen ist und in seinem Heilswerk, durch das er uns wieder zum Vater führt. Hier mag die Feststellung genügen, daß bei Johannes das Verb „glauben" dreiunddreißigmal allein vorkommt, zwölfmal in Zusammenhängen wie „an Jesus glauben" oder „an seine Worte glauben", sechsunddreißigmal in Zusammenhängen wie „an ihn glauben". Glauben erweist sich also als ein Tun, das uns unmittelbar mit der Person Jesu und mit seinem Geheimnis zusammenbringt.

Einen anderen Anhaltspunkt für das, was Glauben bedeutet, bieten uns die vielen sinnverwandten Wörter, deren Johannes sich bedient: „Jesus annehmen", „zu Jesus kommen", „ihn suchen", „auf ihn hören", „das Wort bewahren", „in ihm bleiben". Diese Beispiele genügen, um uns erkennen zu lassen, daß der Glaube wirklich ein vielschichtiger Akt ist. Doch handelt es sich hier wirklich um sinnverwandte Wörter? Das bestätigt sich, wenn man beachtet, daß sie bei Johannes eins ums andere parallel gebraucht werden.

Zum Beispiel: „Ihr *nehmt mich* nicht *an:* wie könnt ihr glauben?" (5,43f); „Wer *zu mir kommt,* wird nie mehr hungern, und wer an mich glaubt, wird nie mehr Durst haben" (6,35); weiter: „*Ihr glaubt* nicht, weil ihr nicht zu meinen Schafen gehört: meine Schafe *hören auf meine Stimme*" (10,26f).

Wir können also schließen, daß bei Johannes der einzige Gegenstand des Glaubens Jesus ist, Jesus in jeder Hinsicht, sei es ganz konkret, sei es in den höchsten Höhen: Jesus, der kommt, lehrt, wirkt, der alle Menschen zu sich ruft, der diese Welt verläßt, aber in seinen Jüngern lebt und bleibt, indem er ihnen seinen Geist sendet, der ihn offenbart und verherrlicht. Der Glaube ist somit nicht nur eine Forderung an die Apostel, die mit Jesus zusammentreffen, die zu ihm kommen, ihm zuhören, ihn annehmen, sondern an alle, die das in der Kirche weiter tun: auf Jesus hören, ihn annehmen, sich auf Jesus einstellen, der in der Kirche weiterhin zugegen ist.

Der Glaube ist das grundlegende Tun des Christen, ein Tun, das ihn frei macht. Der „Gläubige" ist derjenige, der angesichts der Formen, unter denen Christus geheimnisvoll und dauernd zugegen ist, das fortsetzt, was seine Jünger taten, als sie ihn aufnahmen, auf ihn hörten und ihn annahmen. Oder mit anderen Worten könnten wir sagen, bei Johannes überwiege die erleuchtende Seite des Glaubens, während Paulus gern die dunkle Seite des Glaubens, die dem Gegensatz zwischen menschlichem Unvermögen und Gottes Übermacht eigen ist; betont: „Gegen alle Hoffnung hat Abraham geglaubt ..., sich bewußt, daß sein Leib erstorben war, glaubte er an das Leben" (Röm 4,18–20). Erwähnen möchte ich noch, daß Johannes den Ausdruck „Glauben" vielleicht deshalb nicht verwendet hat, weil er diesen paulinischen Aspekt nicht einfach unterstreichen wollte, wohl aber den der Erleuchtung, für den der Glaube ein Weg im und zum göttlichen Licht ist, da er Erkenntnis und Klarheit steigert. Deshalb spricht Johannes von „schauen", „hören", „erkennen", „begreifen",

„ans Licht kommen". Glauben ist mehr oder weniger, das Ziel und gleichsam der Zusammenschluß all dieser Erleuchtungshaltungen.

3. Worin sich Glauben zeigt

Fragen wir uns nun, in welchen Verhaltensweisen sich der Glaube zeigt. Dabei möchte ich besonders auf eine Verhaltensweise aufmerksam machen, die mir wichtig erscheint. Der Glaube erreicht, wie Johannes ihn uns beschreibt, sein Ziel nur auf dem Weg über Zeugnisse oder Zeichen. Daher setzt er, seiner Wesensstruktur nach, zwei Bedingungen voraus: die Fähigkeit, Zeichen als solche zu deuten, und die Fähigkeit, über die Zeichen hinaus zu gehen. In diesem Zusammenhang ist es interessant zu untersuchen, worin die Hindernisse liegen, die diesen beiden Fähigkeiten im Wege stehen, der Fähigkeit, Zeichen zu deuten und zugleich über sie hinaus zu gehen.

Johannes nennt uns eine ganze Reihe von Hindernissen, von denen ich mich auf drei beschränke, weil sie mir für seine Spiritualität und seine Mentalität bezeichnend zu sein scheinen. Zwei von ihnen finden wir im Kapitel 6, eins im Kapitel 9. Im Kapitel 6 werden uns außer einem ganzen Streitgespräch über die Bedeutung und den Endzweck des Zeichens zwei Haltungen vorgeführt, die den Glauben verhindern: die erste besteht darin, daß man seine Aufmerksamkeit ausschließlich auf das richtet, was „Zeichen" ist (6,26). „Zeichen" ist hier die Brotvermehrung: die Menge sucht Jesus fieberhaft, sie findet ihn am andern Seeufer und fragt: „Rabbi, wann bist du hierher gekommen?" Jesus antwortete ihnen und sagte:

„Amen, amen, ich sage euch: Ihr sucht mich nicht, weil ihr Zeichen gesehen habt, sondern weil ihr von den Broten gegessen habt und satt geworden seid" (6,25f). Das Brot war ein Zeichen; die Sache haben sie entgegengenommen, aber das Zeichen haben sie nicht als solches begriffen und seine Bedeutung nicht erfaßt. Deshalb suchen sie Jesus aus einem andern als dem von ihm bei der Brotvermehrung beabsichtigten Grund.

Das zweite Hindernis würde ich als „messianische Zwangsvorstellung" bezeichnen; es wird uns in 6,14 vorgeführt. Auch hier handelt es sich um eine Fehldeutung des Zeichens: nach der Brotvermehrung „sahen die Menschen das Zeichen, das er gewirkt hatte, und sagten: Das ist wirklich der Prophet, der in die Welt kommen soll. Da erkannte Jesus, daß sie kommen würden, um ihn in ihre Gewalt zu bringen und zum König zu machen. Daher zog er sich wieder auf den Berg zurück, er allein." Diese fixe Vorstellung, den Messias um jeden Preis finden zu müssen, setzt uns außerstande, die Bedeutung dessen zu begreifen, was Jesus getan hat. Die dritte Haltung, die unsere Unfähigkeit, die Zeichen zu deuten, sichtbar macht, liegt in der religiösen Selbstzufriedenheit. Sie begegnet uns an verschiedenen Stellen, vor allem aber in 9,41: „Jesus sagte ihnen: Wenn ihr blind wärt, hättet ihr keine Sünde. Jetzt aber sagt ihr: Wir sehen. Darum bleibt eure Sünde." Ein Hindernis, das jedes Gespräch über den Glauben von vornherein ausschließt, besteht darin, daß ihr zu sehen glaubt, d.h. kraft eures schon fertigen Systems allein auszukommen: daher ist es euch unmöglich, den Sinn dessen zu begreifen, was da vorgeht. Hier haben wir ein paar dramatische Einzelzüge der sogenannten „johanneischen Ironie" vor uns. Es wäre interessant, das ganze Kapitel 9 in diesem Licht zu lesen: wenn man nicht sehen will, hilft auch kein Zeichen; ja, es ist sogar das Zeichen, das blind macht. Andre Stellen sind ebenso aufschlußreich. Der Gipfel der Ironie liegt in einem paradoxen Ausspruch Jesu: „Mir aber glaubt ihr nicht, weil ich die Wahrheit sage" (8,45). Sogar die Demonstration der Wahrheit wird zum Anlaß für die Erblindung.

Dieses Unvermögen, den Sinn der Wirklichkeit zu erkennen, hat sein Gegenteil in dem, was wir in der Szene der beiden Jünger betrachtet haben, die zu Jesus gehen: „Kommt und seht!" (1,39); laßt eure Vorurteile und macht den Versuch. Auch im folgenden, wenn Natanael fragen wird: „Kann aus Nazaret etwas Gutes kommen?" (1,46), wird die Antwort lauten: „Komm und sieh!" Im weiteren Verlauf wird Jesus allen ohne Unterschied sagen: „Wer bereit ist, den Willen Gottes zu tun, wird erkennen, ob diese Lehre von Gott stammt oder ob ich in meinem eigenen Namen spreche" (7,17). Mit anderen Worten: Jesus fordert, daß man sich mutig in das Kraftfeld der Zeichen begibt und die Probe macht, ohne dauernd neue Zeugnisse zu verlangen; das würde ja letztlich beweisen, daß man nicht wahrhaft auf ihn hören wollte.

4. Früchte des Glaubens

Werfen wir auch noch einen kurzen Blick auf das Thema der Früchte dieser von Jesus geforderten Glaubenshaltung. Auch hierzu bietet Johannes eine wahre Fülle von Aussagen, von denen ich nur einige anführe.

Vor allem erinnern wir uns der Frucht, die darin besteht, daß man Jesu Wort begreift, weil es uns gewissermaßen zur zweiten Natur geworden ist (10,26f). Die Gläubigen erkennen seine Stimme und verstehen, was er sagt, sozusagen instinktiv, wie das Schaf die Stimme des

Hirten erkennt und instinktiv erfaßt, was er will. Für die, die glauben, ist also das Hören auf Gottes Wort möglich und fruchtbar geworden, und sie verstehen den Sinn der Schrift. Eine andere Frucht besteht darin, daß man die Finsternis hinter sich läßt: „Ich bin das Licht, das in die Welt gekommen ist, damit jeder, der an mich glaubt, nicht in der Finsternis bleibt" (12,46). Damit ist gesagt, daß der Glaube an Jesus – im Sinne der Hingabe an ihn, des über die Zeichen Hinausgehens –, den Jünger wenigstens von der großen Orientierungslosigkeit befreit: er wandelt nicht mehr in der Finsternis. Nicht, daß der Jünger keine Fragen oder Schwierigkeiten mehr hätte, aber die letzte Orientierungslosigkeit wird ihm genommen. Schließlich ist noch darauf hinzuweisen, daß für Johannes die Erkenntnis der eigentlichen Bedeutung des Menschen, das heißt des Sinnes der menschlichen Existenz als einer Existenz, die vom Vater stammt und in Christus zum Vater zurückkehrt, aus dem Glauben kommt. Die Gläubigen verstehen den Sinn der menschlichen Existenz im Licht des Wortes: „So sehr hat Gott die Welt geliebt, daß er seinen einzigen Sohn hingab, damit jeder, der an ihn glaubt, nicht zugrunde geht, sondern das ewige Leben hat" (3,16). Dazu ist der Mensch da im Licht des Glaubens: um von Gott sein Leben lang geliebt zu werden.

5. In allem Gott suchen

Zu dieser Offenheit für den wahren Sinn des menschlichen Daseins, der darin besteht, daß Gott es liebt und – dank der göttlichen Liebe – zur Umwandlung im Glauben an Christus berufen hat, gehört dann auch als letztes hier noch zu behandelndes Thema: das Offensein für den Sinn allen Geschehens. Das heißt, daß wir noch über die Konsequenzen der Menschwerdung für die Welt nachdenken wollen, wobei ich auf die für den heiligen Ignatius so typische Formel verweise: „In allen Dingen Gott suchen."

Diese Formel weist unübersehbar in eine Richtung. Ohne sie vereinfachend auf Deutungen einzuschränken, die die Vielfalt der Probleme achtlos übergehen und statt dessen zu trügerischem oder götzendienerischem Fanatismus verführen, möchte ich mich damit begnügen, wenigstens in Umrissen darzutun, was meiner Meinung nach aus der Botschaft des Johannes hervorgeht.

Fragen wir uns denn, wie eine menschliche Situation uns mit Gottes Gegenwart konfrontiert. „Menschliche Situation" verstehe ich hier im weitesten Sinn, sowohl von uns als Individuen wie auch von allen Gegebenheiten, die irgendwie Teil unserer Erfahrung sind – wir führen ja kein statisches Dasein, sondern befinden uns als Personen im lebendigen Austausch miteinander und mit der Welt. In den verschiedenen menschlichen Situationen bietet sich Gott uns vor allem als Geschenk dar. Denken wir an die Situation des Sakramentes: Gott ist es, der sich schenkt; oder an eine Begegnungssituation: es ist Gottes Gabe, die mir in der Wirklichkeit dieses Augenblicks gegenübersteht.

Mehr noch als bloßes Geschenk, zeigt sich uns Gott bisweilen als Licht oder als Wegführer. Denken wir nur daran, wie Gott in der Bibel als Licht zugegen ist; an die wegweisende Gegenwart Gottes im Lehramt der Kirche. Bisweilen zeigt Gott sich in gewissen Situationen als innere Erleuchtung oder als Ansporn und als Anregung von außen. Manchmal zeigt er sich als Aufruf, der uns zur Brüderlichkeit ruft, zum Verständnis, zur Hilfeleistung, zum hingebungsvollen Eifer. Er zeigt sich uns auch im Dunkel, in das es Licht zu bringen, oder in der Lüge, die es zu widerlegen gilt. Kurz, alle Situationen des Dienens und der Nächstenliebe, in denen sich zum Besten der Welt das Wirken des Vaters und Schöpfers und des Sohnes fortsetzt, sind Situationen, in denen wir je nach ihrer Art Gottes Gegenwart betrachten und verkosten können.

Das ist freilich ein überaus weit gespannter und vielgestaltiger Rahmen, in dem das Gesetz der Analogie gilt, insofern als nicht all diese Formen der Gegenwart identisch sind; sonst verfiele man in eine Art Pantheismus. Jede weist in ihre eigene Richtung und hat ihren eigenen Sinn. Da ist einmal die Gegenwart Gottes als Dunkel, das aufgehellt werden soll, dann wieder die Gegenwart Gottes als Ansporn oder Anregung oder als Aufruf. Um nicht einem praktischen Pantheismus zu verfallen, muß man sich diese Analogie ständig vor Augen halten. Ich glaube daher, daß es aussichtslos ist, die Erfahrung des „Gottsuchens in allen Dingen" theoretisch zu formulieren. Allerdings müssen wir zu der Überzeugung kommen, daß es hier nicht um etwas absolut Mystisches oder Unerreichbares geht. Wenn wir unser Leben und unsere Erfahrung ausweiten, ohne uns Phantastereien hinzugeben oder Luftschlösser zu bauen, sind wir tatsächlich ständig in Kontakt mit Gottes Gegenwart in dem, was wir tun müssen und tun – in den Menschen, die uns immer wieder bereichern, und in denen, denen wir unsrerseits die Gaben weiterzuschenken versuchen, die wir besitzen. So wollen wir beten und darüber nachsinnen, was es konkret bedeutet, „Jesus zu erkennen, ihn zu lieben und ihm nachzufolgen" (Nr. 104); was für uns der Weg des Glaubens ist und was er von uns fordert, und welche Horizonte er uns auftut angesichts all dessen, was uns umgibt.

Zehnte Meditation

Die „zwei Banner" bei Johannes

Am vierten Tag der zweiten Woche der „Geistlichen Übungen" hält Ignatius die Meditation über die „zwei Banner", die die Zeit der „Wahl" einleitet (Nr. 136–147). Dieser Meditation schickt Ignatius das „Vorwort zur Betrachtung über die Stände" (Nr. 135) voraus, das uns nach der Betrachtung über Jesus in Nazaret und im Tempel und im weiteren Verlauf der Betrachtung über das Leben des Herrn daran erinnert, daß wir damit beginnen müssen, uns zu erforschen und zu fragen, „in welchem Leben oder Stand Seine Göttliche Majestät Sich unser zu bedienen wünscht".

Wie kann solch eine Wahl in den Gesichtskreis der Überlegungen des Ältesten treten? Sicher nicht, wenigstens normalerweise nicht, als Wahl eines neuen Lebensstandes, wohl aber als Suche nach einer neuen Weise, den Stand zu leben, in dem man sich befindet. Worum geht es also unter diesem Gesichtspunkt in der Meditation über die „beiden Banner"? Der heilige Ignatius sagt das hauptsächlich in der dritten Vorübung: Vor allem „bitten um Erkenntnis der Betrügereien des bösen Anführers und um Hilfe, mich vor ihnen zu bewahren; sowie um Erkenntnis des wahren Lebens, das der höchste und wahre Befehlshaber zeigt, und um Gnade, ihn nachzuahmen" (Nr. 139). Dieses „wahre Leben" erinnert uns deutlich an einige Motive bei Johannes: Jesus kommt,

„damit" wir „das Leben haben" (10, 10); das ganze Evangelium ist aufgezeichnet worden, „damit" wir „durch den Glauben das Leben" haben „in seinem Namen" (20, 31). Ignatius seinerseits spricht vom „wahren Leben", insofern er davon ausgeht, daß wir unser religiöses Leben auch auf falsche Weise führen können. Eben deshalb möchte ich in der folgenden Meditation auf einige falsche Auffassungen von der Menschwerdung hinweisen.

Die „beiden Banner" in der Meditation des Ignatius

Verwenden wir zunächst einen Augenblick der Besinnung auf die klassische ignatianische Meditation über die „beiden Banner", die man auch für sich allein genommen zum Gegenstand der Betrachtung machen kann. Worum geht es hierbei? Sicherlich um folgendes:

Erstens. Der Feind wirkt in der geistigen Verwirrung und mit autoritären Zwängen, zu denen auch diejenigen zu rechnen sind, die von den Schlagworten unserer Umgebung und von der gesellschaftlichen Bevormundung ausgehen, denen wir oft auch im kirchlichen Bereich ausgesetzt sind.

Zweitens. Der Feind ist nicht nur in Menschen am Werk, sondern auch in Situationen, im Milieu, in Gruppen und überall ohne Ausnahme. Ignatius unterstreicht das im zweiten Punkt: Der Satan „macht ein Aufgebot von unzähligen Dämonen und sprengt sie aus, die einen in diese Stadt und die andern in eine andere und so über die ganze Welt hin, ohne Provinzen, Orte, Stände noch irgendwelche Personen im einzelnen zu übergehen." Interessant ist die Feststellung, daß die Aufzählung nicht bei den Personen, sondern bei den „Städten" beginnt und sich dann den „Provinzen, Orten und Ständen" zuwendet, d. h. der Mentalität, dem Milieu und den Situationen. Und er fügt hinzu: „Ohne Ausnahme"; es gehören also auch Mönche, Nonnen, Priester, Ordensleute, kirchliche Gruppen, Hierarchien, usw. dazu.

Drittens: Der Feind operiert nach dem Prinzip des „Geschmacks am Besitz": auch am geistigen Besitz, auf dessen Geschmack man kommen kann, und der heutzutage viel Geld einbringen kann. Er gibt den Anstoß zum Streben nach Erfolg, Ansehen, Stellung und Selbstgenügen, und von daher ergeben sich dann alle anderen Laster.

Wie wirkt dagegen der „Befehlshaber des Lebens" – den Ausdruck könnte man auf Apg 3, 15, Jesus, „den Urheber des Lebens", zurückführen? Er handelt genau umgekehrt: nicht mit der Bevormundung durch das Milieu, sondern mit persönlicher Überzeugung von Mensch zu Mensch und das durch Menschen, die nicht mit Willkür oder Vollmacht befehlen, sondern sich der Tiefe des Gewissens empfehlen und nach und nach zur Armut und zur Loslösung raten wie auch dazu, die eigene Bedeutungslosigkeit von ganzem Herzen anzunehmen. Und daraus erwächst die Demut.

Es geht also in der Meditation darum, die verschiedenen Regungen in mir wahrzunehmen. Also nicht darum, die Kirche oder mein Milieu einer Untersuchung zu unterziehen, sondern diese Regungen so aufzuspüren, wie sie in mir vorhanden sind, und sie, wie es für mich von Fall zu Fall zutrifft, konkret darzustellen und dann im abschließenden Zwiegespräch nachdrücklich den Mut zu erbeten, dem schwierigen Pfad zu folgen. Diese Meditation bleibt immer aktuell und ist für uns ein wesentlicher Orientierungspunkt.

1. Mißverständnisse, die Jesus begleiten

Diese Meditation wollen wir in johanneischer Sicht zu vertiefen suchen und beginnen bei dem Abschnitt, der die Rede in Kafarnaum beschließt: „Daraufhin zogen sich viele Jünger zurück und wanderten nicht mehr mit ihm umher. Da fragte Jesus die Zwölf: Wollt auch ihr weggehen? Simon Petrus antwortete ihm: Herr, zu wem sollen wir gehen? Du hast Worte des ewigen Lebens," ein Ausdruck, der an Jesus, „den Urheber des Lebens" in Apg 3,15 erinnert, wie Ignatius ihn in der „Banner"-Meditation auftreten läßt. Und „wir sind zum Glauben gekommen und haben erkannt: Du bist der Heilige Gottes" (6,66–69).

Vergegenwärtigen wir uns diese Szene in unserer Betrachtung und bitten wir den Herrn, daß er uns begreifen läßt, wie schwer es ist, sein Geheimnis zu erfassen, und wie leicht, sich zu irren. Ein Beispiel dafür sind die Apostel mit all ihren Mißverständnissen. Im Evangelium gibt es sogar ein leibhaftiges Mißverständnis: Judas. Und so geschieht es denn auch, daß Jesus unmittelbar nach dem Wort des Petrus: „Wir sind zum Glauben gekommen und haben erkannt: Du bist der Heilige Gottes," sagt: „Habe ich nicht euch, die Zwölf, erwählt? Und doch ist einer von euch ein Teufel" (6,70). Das Mißverständnis steht also schon mitten im Leben und in der Sendung Jesu: es begleitet ihn Tag und Nacht. Sogar noch bei der großen Offenbarungsrede, in der Jesus offen und nicht mehr verhüllt und in Gleichnissen sein Leben, sein Einssein mit dem Vater und seine Sehnsucht, die Menschen mit sich zu vereinen, um sie wieder zum Vater zu führen, kundtut, als Judas schon weggegangen ist, geschehen immer noch die verschiedensten Mißverständnisse. Thomas sagt: „Wir wissen nicht, wohin du gehst" (14,5); dann Philippus: „Zeig uns den Vater" (14,8), und Jesus muß ihm klarmachen, daß er ihn schon gesehen hat. Schließlich der andere Judas: „Warum willst du dich der Welt nicht offenbaren?" (14,22). Sogar in den letzten Augenblicken begleitet Jesus das Mißverständnis!

Als ich mir überlegte, etwas über diese Mißverständnisse zu sagen, die mit dem Wirken Jesu einhergehen und das richtige Verständnis der Menschwerdung betreffen, versuchte ich, sie in Gruppen einzuteilen, auch wenn solch eine Gliederung etwas willkürlich wirken könnte. Das sind zunächst die Mißverständnisse der Jünger, die nicht mehr auf der untersten Ausbildungsstufe stehen, der des Katechumenats, sondern auf der zweiten, der der Unterweisung – es sind dies die Jünger, die Jesus dann in 6,66 verlassen und von denen das ganze Kapitel 6 handelt. Sodann die Mißverständnisse der Ältesten, das heißt Jünger auf der dritten Ausbildungsstufe (diese Mißverständnisse zeigen sich dann bei den Abschiedsreden Jesu).

2. Mißverständnisse der Jünger

Von den Mißverständnissen der Jünger der ersten Gruppe sei vor allem auf die beiden folgenden hingewiesen.

Das erste, zu dem wir uns an Aussagen 6,14f halten, möchte ich das Mißverständnis der „Versuchung zum politischen Messianismus" oder zum „politischen Klerikalismus" nennen, besteht doch diese Versuchung darin, den Einfluß und die gesellschaftliche Vorrangstellung auszunutzen, die sich aus der Zugehörigkeit zu Jesus und seiner Bewegung ergeben können: „Als diese Menschen das Zeichen sahen, das er getan hatte, sagten sie: Das ist wirklich der Prophet, der in die Welt kommen soll. Da erkannte Jesus, daß sie kommen würden, um ihn in ihre Gewalt zu bringen und zum König zu machen. Daher zog er sich wieder auf den Berg zurück, er allein" (6,14f). Diese absolute Einsamkeit Jesu angesichts einer Menschenmenge, die sich betören und irreführen lassen, ihn aber nicht verstanden hat, ist in der Tat dramatisch.

Ein zweites Mißverständnis der Jünger läßt sich als die „stoffliche Auslegung der Worte Jesu" bezeichnen, womit die „buchstäbliche" oder „fundamentalistische" Auslegung gemeint ist. Das ganze Kapitel 6 handelt davon, besonders die Verse 52–58: „Da stritten sich die Juden und sagten: Wie kann er uns sein Fleisch zu essen geben? Jesus sagte zu ihnen: Amen, amen, das sage ich euch: Wenn ihr das Fleisch des Menschensohnes nicht eßt und sein Blut nicht trinkt, habt ihr das Leben nicht in euch. Wer mein Fleisch ißt und mein Blut trinkt, hat das ewige Leben, und ich werde ihn auferwecken am Letzten Tag. Denn mein Fleisch ist wirklich eine Speise, und mein Blut ist wirklich ein Trank. Wer mein Fleisch ißt und mein Blut trinkt, der bleibt in mir, und ich bleibe in ihm. Wie mich der lebendige Vater gesandt hat und wie ich durch den Vater lebe, so wird jeder, der mich ißt, durch mich leben. Dies ist das Brot, das vom Himmel herabgekommen ist. Mit ihm ist es nicht wie mit dem Brot, das die Väter gegessen haben; sie sind gestorben. Wer aber dieses Brot ißt, wird leben in Ewigkeit." Jeder Vers betont das Motiv des Brotessens und springt ständig von der stofflichen Bedeutung hinüber zu der tieferen Bedeutung, die Jesus seinen Worten geben will. Das führt dann dazu, daß viele sagen: „Was er sagt, ist unerträglich" (60), und viele ziehen sich sogar zurück (66). Dieses Mißverständnis, das vor allem auf der mittleren Ebene der christlichen Unterweisung immer wieder vorkommt, ist auf nichts anderes als auf die fundamentalistische oder stoffliche Auslegung der Worte Jesu zurückzuführen.

Mißverständnisse, denen wir unterliegen

Dazu noch ein paar Beispiele. Vielleicht erinnern wir uns noch, wie vor Jahren allenthalben asketische Richtlinien verbreitet waren, die sich an den Worten inspirierten: „Wer mich ißt, wird durch mich leben," und auf die häufige, wenn nicht gar auf die tägliche Kommunion hinzielten, die gewiß ein sicheres Mittel zur Heiligung ist. Das führt zu einer verbreiteten Seelsorgspraxis, die bei den Dingen stehenbleibt – denen man eine geradezu magische Wirkung zuschreibt – und sich an ein Wort Jesu klammert, wodurch sie eine Kette von Mißverständnissen verursacht. Jesus faßt das „wer mich ißt," nicht auf als „wer kommuniziert," sondern vielmehr als „wer mich unter dem sakramentalen Zeichen gläubig empfängt, das heißt, wer im Sinn der Kirche die Gabe meines Todes und meiner Auferstehung mit allen Konsequenzen im Gehorsam gegenüber meinem Wort annimmt". Wenn man das Wort Jesu: „Wer mich ißt, wird durch mich leben," nicht in diesem Sinne auslegt, sondern es stofflich auffaßt, taugt solch ein Rat von sich aus gar nichts zur Umgestaltung eines Menschen. Das gilt ebenso für die Gebete und Frömmigkeitsübungen, die – mögen sie auch auf einem rein stofflich genommenen Wort des Evangeliums beruhen – zu magischen Formeln werden. Man glaubt, wer weiß was zu erhalten, nur weil man ein bestimmtes Wort oder einen bestimmten Rat

Jesu in die Tat umgesetzt hat. Aber die Enttäuschung ist groß, wenn man dann keine Resultate entdeckt.

Eben solch ein Mißverständnis ist auch der Glaube, das Heil liege in den Dingen, und die Dinge führten uns also von sich aus zum Heil: So glaubt man zum Beispiel manchmal, der Mensch werde schon durch die Tatsache gerettet, daß Christus Mensch geworden ist: man brauche also nur Mensch zu sein, um gerettet zu werden, da Christus im Menschen sei. Christus ist jedoch Mensch geworden, indem er von Anfang bis zum Ende den Weg des Gehorsams gegangen ist und eine unmißverständliche Botschaft der dienenden Liebe gebracht hat. Im übrigen sagt uns gerade Jesus: „Der Geist ist es, der lebendig macht; das Fleisch nutzt nichts. Die Worte, die ich zu euch gesprochen habe, sind Geist und sind Leben" (6,63). Man muß also die Worte Jesu nach geistlichen Gesichtspunkten interpretieren, im Licht der Gegenwart des Geistes, der verwandelt.

Zum Abschluß dieses ersten Teiles sei festgestellt, daß diese Mißverständnisse nicht unbedingt zu ganz und gar negativen Haltungen führen müssen, wie etwa die von Menschen, die sich Jesus entschieden widersetzen wollten. Hier haben wir es vielmehr mit Menschen zu tun, die ihm begeistert folgen, vielleicht allzu begeistert.

3. Mißverständnisse auch bei denen, die Jesus nahestehen

Wenden wir uns nun dem Mißverständnis derer zu, die sich im dritten Ausbildungsstadium befinden, d. h. in dem der Ältesten, die Jesus jetzt ganz nahestehen und seiner Offenbarungsrede lauschen (vgl. 13,31–14,31).

Dabei richten wir unsere Aufmerksamkeit auf die Gestalten der drei Apostel, die sich bei dieser Rede zu Wort melden: *Thomas, Philippus und Judas.* Was sie sagen, könnte man auf jeden von uns anwenden, ohne damit den Anspruch zu erheben, die von mir vorgeschlagene Anwendung sei exegetisch die einzig mögliche.

Lesen wir den ersten Text: „Wenn ich gegangen bin und einen Platz für euch vorbereitet habe, komme ich wieder und werde euch zu mir holen, damit auch ihr dort seid, wo ich bin. Und wohin ich gehe – den Weg dorthin kennt ihr. *Thomas* sagte zu ihm: Herr, wir wissen nicht, wohin du gehst. Wie sollen wir dann den Weg kennen? Jesus sagte zu ihm: Ich bin der Weg und die Wahrheit und das Leben; niemand kommt zum Vater außer durch mich. Wenn ihr mich erkannt habt, werdet ihr auch meinen Vater erkennen" (14,3–7). Diese Einstellung des Thomas gibt einen Einblick in die ganze Mühe, die man aufwenden muß, um zu der christologischen Synthese zu gelangen, zu der Johannes uns einlädt. Wir verzetteln uns immer noch in Übungen und Methoden, wollen immer wieder wissen, was zu tun sei, welchen Weg wir einschlagen, welches Buch wir lesen sollen, usw. Jesus hingegen sagt: „Ich bin der Weg und die Wahrheit und das Leben." Gewiß geht es hier nicht darum, auf alle Übungen, Bücher und Methoden einfach zu verzichten. An einem bestimmten Punkt aber muß sich alles in der Person Jesu, der uns entgegenkommt, kristallisieren zu einer kontemplativen und einenden Schau, die man ja denen nachsagt, die sich im dritten Stadium der Ausbildung zum Christen befinden. Sie allein vermag den Übungen, Methoden, Büchern, Situationen, Exerzitien, Formen der Erneuerung usw. ihren Wert zu geben. Andernfalls wären wir ständig auf der Suche nach neuen Formen und neuen Methoden zur Erneuerung der Gemeinden, zur Erneuerung der Kirche und unser selbst, vergäßen dabei jedoch, daß Jesus „der Weg und die Wahrheit und das Leben“ ist, d. h. der einzige Quell der Erneuerung, der sich unserem Zugriff entzieht, aber dessen Wirkweise wir uns öffnen müssen. Kurz, wir würden tausenderlei Nebensächliches treiben und das Wesentliche aus dem Blick verlieren.

Kommen wir nun zum das Mißverständnis des *Philippus:* „Philippus sagte zu ihm: Herr, zeig uns den Vater; das genügt uns“ (14,8). Wir stehen dem Verlangen gegenüber, Gott zu schauen, das Ausdruck einer tiefen religiösen Unruhe ist. „Jesus antwortete ihm: Schon so lange bin ich bei euch, und du hast mich nicht erkannt, Philippus?“ (14, 9). Diese Anrede „Philippus“ ist interessant. Sie klingt so, als sagte man: „Mein lieber Freund,“ und man spürt den Unterton des Tadels heraus. „Wer mich gesehen hat, hat den Vater gesehen. Wie kannst du sagen: Zeig uns den Vater? (14,9). Das heißt soviel wie: „Weißt du nicht, daß der Vater in mir ist, und wer mich sieht, auch den Vater sieht?“ Für uns könnte dann der Satz so lauten: „Weißt du nicht, daß, wer die Kirche sieht, mich sieht?“ oder: „Kannst du nicht durch die Zeichen hindurch schauen? Kannst du nicht die Augen aufmachen und Jesus in deinem Leben erblicken und in Jesus die Gegenwart und den Willen Gottes?“ Das ist die Schwierigkeit dessen, der in der eigenen trüben und manchmal auch melancholischen Erfahrung Gottes Gnade nicht entdecken kann. So lange schon ist Jesus bei uns, und wir können ihn immer noch nicht erkennen!

Schließlich das Mißverständnis des *Judas.* Gerade hat Jesus die eindrucksvollen Worte gesprochen: „Wer meine Gebote hat und sie hält, der ist es, der mich liebt; wer mich aber liebt, wird von meinem Vater geliebt werden, und auch ich werde ihn lieben und mich ihm offenbaren" (14,21). Wir befinden uns hier auf der Ebene mystischer Ekstase – „ich werde mich ihm offenbaren" –, aber da unversehens die Ernüchterung: „Judas – nicht der Judas Iskariot – fragte ihn: Herr, warum willst du dich nur uns offenbaren und nicht der Welt?" (14,22). Zweifellos entstammen diese Worte dem brennenden Verlangen, Jesus möge sich allen so offenbaren, wie er sich dem Judas und den Aposteln offenbart: „Warum offenbarst du dich nicht der Welt?" Allerdings trifft dieses Wort nicht ganz, so daß Jesus nicht im gleichen Ton antwortet, sondern fast buchstäblich seinen vorigen Ausspruch wiederholt: „Jesus antwortete ihm: Wenn jemand mich liebt, wird er an meinem Wort festhalten; mein Vater wird ihn lieben, und wir werden zu ihm kommen und bei ihm wohnen" (14,23). Das ist, als hätte Jesus gesagt: „Du hast den Kern des Problems nicht berührt."

Was verbirgt sich hinter der Frage des Judas? Mir scheint, sie bringt die Schwierigkeit dessen zum Ausdruck, der die Wachstumsbedingungen des Glaubens nicht akzeptieren kann. Er braucht wirklich keine strahlende Offenbarung, wie wir sie vielleicht möchten, wenn er auch von Offenbarung zu Offenbarung voranschreitet: Jesus den Seinen, die Seinen ihren Freunden, diese den andern, Schritt für Schritt. Mit andern Worten, hier liegt nicht dieselbe grobschlächtige Versuchung vor wie bei den Brüdern Jesu: „Da sagten seine Brüder zu ihm: Geh von hier fort, und zieh nach Judäa, damit auch deine Jünger die Werke sehen, die du vollbringst. Denn niemand wirkt im Verborgenen, wenn er öffentlich bekannt sein möchte. Wenn du dies tust, zeig dich der Welt!" Worauf Johannes die melancholische Schlußbemerkung macht: „Auch seine Brüder glaubten nämlich nicht an ihn" (7,3–5).

Diese Einstellung der Brüder Jesu in Nazaret ist die Einstellung dessen, dem es – schließlich sind sie ja seine Brüder –, durch die Publizität für Jesus um einen persönlichen Erfolg geht. Übrigens scheinen die Brüder Jesu tatsächlich in Jerusalem während des ganzen ersten Jahrhunderts Anspruch auf eine gewisse Vorrangstellung in der Gemeinde erhoben zu haben. Gewissermaßen als hätten seine Brüder ein wenig von ihm profitieren wollen unter Berufung auf den Glauben. Das ist die Versuchung des Außenstehenden. Er glaubt ja nicht und möchte sich doch der Kirche und des Ansehens der Menschen der Kirche bedienen, um daraus Nutzen zu ziehen. Deshalb versucht er uns zu schmeicheln: „Ihr, die besten, klügsten und fortschrittlichsten Vertreter der Kirche, was sagt ihr dazu?", um dann einen gewissen persönlichen, gesellschaftlichen oder politischen oder anderen Vorteil daraus zu ziehen. Die Versuchung des Judas Taddäus dagegen ist anders und subtiler. Hier geht es nicht darum, mittels des Glaubens einen Erfolg zu erzielen, sondern um den Erfolg des Glaubens selbst: der Triumph *des* Glaubens ist es, worum es geht.

Man will aber auch den Erfolg *im* Glauben, d. h. man sucht die siegreiche Erfahrung der eigenen Eingliederung in Christus und vergißt, was es mit dem Glauben eigentlich auf sich hat: daß er als persönliches Angebot von Mensch zu Mensch verbreitet und angenommen wird wie ein Samenkorn, das man ins Herz einsenkt, bis es zu seiner Zeit heranreift, daß er also nicht den Gesetzen folgt, die für Verbreitung oder Angebot gelten und denen man durch weltweite Propaganda Geltung verschaffen kann. Damit soll nicht gesagt sein, man dürfe den Glauben nicht auch durch Medien verbreiten, die viele Menschen gleichzeitig erreichen können. Die Frage ist nur, welche Medien sich dazu eignen. Außerdem müssen wir uns wieder darauf besinnen, daß tatsächlich die persönliche Beziehung für das Angebot des Glaubens den letzten Ausschlag gibt. Wenn man daher vielen das Wort verkündet und nicht jeder einzelne im Herzen seine Entscheidung trifft, ist nichts erreicht. Der Glaube hat seine eigenen Verbreitungsweisen, die unbegreiflich und mit denen anderer Lehren nicht vergleichbar sind. Weil er Glaube ist, ist er nicht Menschenwerk, sondern Werk Gottes.

4. Den wahren Sinn erkennen

Zum Schluß dieser Meditation über die „falschen Auffassungen von der Menschwerdung" lassen sich diese vier Gedanken festhalten:

1. *Gott bleibt ein großes,* ein transzendentes *Geheimnis,* das Ehrfurcht vor der göttlichen Wirklichkeit erheischt wie auch Demut, sie anzunehmen, auf welche Weise und wann Gott sie uns mitteilen will.

2. Wir müssen auch daran denken, daß immer die Gefahr mythologischer Vorstellungen von der Menschwerdung besteht: Wir sind versucht, Gottes Gegenwart unter uns oder Gottes Gegenwart in uns oder Gottes Gegenwart in den andern mythisch zu banalisieren. *„Unter uns"*, als ob er ein weiterer Gegenstand unter vielen sei – ein Gegenstand himmlischer Art –, der anbetungswürdig sei und die Verhältnisse in der Welt magisch verwandelt. *„In uns"*, wenn wir meinen, wir würden von dieser Gegenwart und vom Glauben automatisch umgestaltet. *„In den andern"*, wenn wir die andern vergötzen oder uns bei unseren Anlehnungsversuchen mit dieser Gegenwart herausreden oder uns zu sehr in ihre Abhängigkeit begeben.

3. *Christus in uns,* Gott in uns, der normalerweise an unseren äußeren Lebensumständen, d. h. an ihrer Verlassenheit und Armut, nichts ändert, öffnet uns dadurch die Augen des Glaubens, damit wir in diesen Umständen und mit Hilfe des armen, gekreuzigten und auferstandenen Christus die Gegenwart der Liebe Gottes, die uns innerlich umgestaltet, erkennen lernen.

4. *Diese Gegenwart ist eine Kraft,* da sie uns zum Handeln veranlassen will. Wir könnten sogar – vielleicht paradoxerweise – sagen, sie sei eine Gegenwart, die man schaffen müsse, ist sie doch tatsächlich die Antwort auf ein Angebot: Gott ist da als Angebot und Gabe und wartet darauf, daß man ihn, indem man darauf eingeht, gegenwärtig macht.

Bitten wir den Herrn, der Worte des ewigen Lebens hat, er möge uns den Geist und das Leben, die in seinen Worten sind, begreifen lassen, damit wir den wahren Sinn der Wirklichkeit erkennen, in der wir leben.

Elfte Meditation

Die „drei Geleise" bei Johannes

In den „Geistlichen Übungen" des heiligen Ignatius hält man am Abend des vierten Tages, nachdem man die Meditation über die „Banner" gehalten hat, die Meditation über die „drei Menschengruppen" (Nr. 149–156).

Diese Meditation hat nach der ersten Vorübung noch eine zweite, die sehr eindrucksvoll ist: „Mich selbst sehen, wie ich vor dem Angesicht Gottes, unseres Herrn, und aller Seiner Heiligen stehe, um das zu ersehnen und zu erkennen, was Seiner Göttlichen Güte je mehr wohlgefällig ist" (Nr. 151). Die dritte Vorübung läßt uns die „Gnade erbitten, damit ich erwähle, was je mehr zur Ehre Seiner Göttlichen Majestät und zum Heil meiner Seele gereicht" (Nr. 152). Wir finden also wieder die Themen, die zu Beginn von „Prinzip und Fundament" stehen und hier wieder aufklingen, um dann im Blickpunkt der Wahl zu bleiben: die Ehre Gottes und das Heil der Seele im Geist der Nachfolge Christi.

Diese Meditation läßt uns über drei verschiedene Haltungen nachsinnen angesichts der Aufgabe, sich von einer bestimmten Anhänglichkeit freizumachen. In dem Beispiel, das Ignatius anführt, geht es um einen Geldbetrag. Selbstverständlich kann man diesen Betrag jedem beliebigen anderen Gut, das Unbehagen verursacht, gleichsetzen. Es gibt viele Güter, die wir mit uns einhertragen, ohne uns darüber zu beunruhigen, wenn es uns auch mißfiele, daß man sie uns nähme. Zum Beispiel besitzen wir das Leben und verlieren es ungern, wenngleich das gewöhnlich kein Problem ist. Wir besitzen die Gesundheit und verlieren sie ungern ... usw. Im Fall, auf den Ignatius zurückgreift, geht es jedoch um ein Gut, das uns beunruhigt, das heißt um eine Sache, deren Verlust und deren Erwerb uns über alle Gebühr in Glut versetzt.

Die Meditation geht die verschiedenen möglichen Haltungen nacheinander durch und endet damit, auf die angemessenste Haltung hinzuweisen, die nicht so sehr diejenige dessen ist, der einfach verzichtet, als vielmehr die Haltung dessen, der seine Anhänglichkeit aufgibt, um in der Lage zu sein, wirklich frei entscheiden zu können. Dann läßt man uns das Zwiegespräch der „Banner“-Meditation noch einmal halten, hier allerdings mit größerem Nachdruck, wie es in der Anmerkung heißt: „Es ist zu bemerken, daß, wenn wir eine Abneigung oder ein Widerstreben gegen die aktuelle Armut verspüren und wir nicht gleichmütig gegen Armut oder Reichtum sind, es zum Auslöschen einer solchen ungeordneten Anhänglichkeit sehr nützlich ist, darum zu bitten, der Herr möge einen zur aktuellen Armut auswählen; und man wünsche, erbitte und erflehe es, wenn es nur zum Dienst und Lob Seiner Göttlichen Güte gereiche“ (Nr. 157). Das macht sichtbar, wie fest man sich bei der Bitte um Befreiung verpflichten muß.

Will jemand über eine Situation meditieren, die der von Ignatius vorgeschlagenen gleicht, so empfiehlt sich dafür eine Seite aus dem Johannesevangelium, deren eingehendes Studium sehr ergiebig ist. Gemeint sind die Auseinandersetzungen, die im Kapitel 9 um das Wunder des Blindgeborenen entstehen. Wir kennen schon etwas aus diesem Kapitel: den Anfang und den Schluß, den geheilten Blinden und sein Hingehen zu Jesus. Zwischen diesen beiden Teilen steht ein ausgedehntes Mittelstück, von Vers 8 bis Vers 34, in dem Jesus nicht auftritt. Dafür kommt es zu einem Knäuel von Situationen, in denen Personen auftreten, die sich samt und sonders einmischen und mit ihren Worten zu dem von Jesus dargebotenen Zeichen Stellung beziehen. Diese Personen lassen sich in drei Klassen einteilen: 1. Menschen, die zum Zeichen nein sagen, weil sie es wegen ihrer vorgefaßten Meinungen nicht akzeptieren können und alles tun, um es nicht akzeptieren zu müssen. 2. Solche, die das Zeichen sehr wohl verstanden haben, sich aber keine Blöße geben wollen, schließlich 3., aber auch Menschen, die sich entscheiden. Betrachten wir kurz diese drei Klassen im einzelnen.

1. Nein, um nicht akzeptieren zu müssen

Wer sind diejenigen, die zum Zeichen nein sagen? In erster Linie die Pharisäer. Johannes hebt als für ihre Haltung bezeichnend hervor, daß sie an den Urteilen festhalten, die sie über Jesus schon gefällt haben und nicht revidieren wollen. Zum Beispiel in Vers 16: „Dieser Mensch kann nicht von Gott sein, weil er den Sabbat nicht hält." Oder als die Pharisäer den geheilten Blinden zum zweiten Mal kommen lassen und ihm sagen: „Gib Gott die Ehre! Wir wissen, daß dieser Mensch ein Sünder ist" (9,24). Sie haben schon entschieden, wer Jesus ist, und sprechen auf Grund von Vorurteilen, wobei sie immer wieder das Verb „wissen" betonen: „Wir wissen ..." Dieser Ausdruck kommt in Vers 29 zweimal vor: „Wir wissen, daß zu Mose Gott gesprochen hat; aber von dem da wissen wir nicht, woher er kommt." Ihnen genügt also, was sie bereits kennen, und sie sind unfähig, zuzuhören und die Situation so zu sehen, wie sie ist. Als sie den geheilten Blinden zum dritten Mal fragen: „Was hat er mit dir gemacht? Wie hat er deine Augen geöffnet?" verliert er die Geduld und antwortet: „Ich habe es euch bereits gesagt, aber ihr habt nicht gehört. Warum wollt ihr es noch einmal hören? Wollt auch ihr seine Jünger werden?" (9, 26 f). Sie wollen immer wieder dasselbe hören, aber um es jedesmal abzustreiten; ihr Hören ist kein Zuhören. Diese Haltung stellt Johannes dann als Frucht ihres Eifers für das Gesetz hin: „Wir wissen, daß zu Mose Gott gesprochen hat" (9,29); deshalb wollen sie nichts Böses tun: „Wir sind Jünger des Mose" (9,28), während sie Jesus der Sabbatschändung anklagen. Sie sind im Vollgefühl des guten, religiösen Eifers.

Was besagt das für uns? Sicher läßt es uns über die Verblendung dessen nachdenken, der nicht hören will. Nichts kann einen Menschen, der sich emotional einen bestimmten Grundsatz zu eigen gemacht hat, davon abbringen. Aber dann könnten wir uns fragen: Müssen wir bereit sein, jeden Grundsatz aufzugeben, also auch alle Überzeugungen, die wir gewonnen haben, unsere Bildung, vielleicht auch unseren Glauben? Es wäre natürlich lächerlich, dauernd alles aufs Spiel zu setzen: niemand könnte solch eine totale Brechung seiner selbst aushalten. Von uns wird viel weniger verlangt.

Wir sollen uns lediglich von Gütern trennen, deren Besitz uns beunruhigt, oder von dem, was wir mit zuviel Emotionalität oder zur Schau getragener Sicherheit behaupten. Was Gott uns als seine Gabe schenkt, und was wir wirklich besitzen, ist so beschaffen, daß wir seinen Besitz ruhig und ohne Aufregung behaupten können. Wir ertragen auch, daß man es in Frage stellt, ohne uns selbst dabei in Frage gestellt zu fühlen, weil Gott es uns in aller Ruhe gibt und wir es sicher besitzen. Die Situation wird erst gefährlich, wenn die Behauptung mit einer Emotionalität verteidigt wird, die das übersteigt, was auf dem Spiele steht, und mit einer so ostentativen Sicherheit, daß sie in Wirklichkeit nur verrät, wie unsicher die Parteien ihrer Sache letztlich sind. Wenn die Pharisäer wirklich sicher gewesen wären, daß Christus keine Wunder wirken konnte, hätten sie den Blinden nicht mehrmals verhört und so aufgeregt gefragt: „Aber wer? Aber wie?" Die Tatsache dieser Hartnäckigkeit und dieser so von Emotionen getragenen Ablehnung beweist, daß dahinter eine tiefe Unsicherheit steht und wir vor einem Fall jener beunruhigenden Anhänglichkeit an Güter stehen, die man in Frage stellen muß.

2. Nein, aus Furcht vor dem Urteil anderer

Die zweite Klasse stellen die Menschen dar, die sich keine Blöße geben wollen. Es sind einfache, ehrbare Leute, die sehen und verstehen, und da sie – wenigstens dem Anschein nach – keine Position zu verteidigen haben, ist ihre erste Reaktion gut. Ein Beispiel: „Die Nachbarn und andere, die ihn früher als Bettler gesehen hatten, sagten: Ist das nicht der Mann, der dasaß und bettelte? Einige sagten: Er ist es. Andere meinten: Nein, er sieht ihm nur ähnlich. Er selbst aber sagte: Ich bin es. Da fragten sie ihn: Wie sind deine Augen geöffnet worden? Er antwortete: Der Mann, der Jesus heißt," hat das getan, er hat mich zum Schiloach geschickt und mir die Augen geöffnet (9,8–11). Diese Leute zeigen sich bereit, schlicht und den Tatsachen entsprechend anzunehmen. Doch man braucht ihnen nur von dritter Seite Angst zu machen oder sie einzuschüchtern, und schon ziehen sie sich zurück. So kommt es, daß sie wieder zu den Pharisäern gehen (vgl. 9,13). Deren Sache ist es zu entscheiden, die wissen Bescheid; wir fürchten uns, uns hier zu äußern, wir wollen keine Scherereien, wir wollen keine Unannehmlichkeiten ...

Solch eine Haltung tritt noch deutlicher bei den Eltern hervor, die als einfache und ehrliche Leute antworten: „Wir wissen, daß er unser Sohn ist und daß er blind geboren wurde. Wie es kommt, daß er jetzt sehen kann, das wissen wir nicht. Und wer seine Augen geöffnet hat, das wissen wir auch nicht. Fragt doch ihn selbst, er ist alt genug und kann für sich selbst sprechen" (9,20f). Und Johannes führt das zu Ende: „Das sagten seine Eltern, weil sie sich vor den Juden fürchteten; denn die Juden hatten schon beschlossen, jeden, der ihn als den Messias bekenne, aus der Synagoge auszustoßen" (9,22). Deshalb also sagen die Eltern: „Fragt ihn doch: er ist alt genug und soll für sich selbst sprechen." – Wir kennen ja diese Furcht, in Schwierigkeiten zu geraten, weil prominentere Persönlichkeiten oder Meinungen uns unter Druck setzen, der uns oft ganz und gar unwiderstehlich vorkommt. Dieser gesellschaftliche Druck, der uns allenthalben umgibt, spielt tatsächlich eine große Rolle, und manchmal genügen acht bis zehn Leute als Umgebung, die uns so einschüchtern kann, daß wir nicht mehr zu eigenem Handeln kommen.

3. Entscheidung für Jesus ohne Furcht

Die dritte Art von Menschen – leider in diesem Abschnitt nur ganz wenige –, besteht aus denen, die sich für Jesus entscheiden. Zu ihnen gehören an erster Stelle einige Pharisäer, die erkennen lassen,daß sie bereit sind, das Zeichen anzunehmen: „Einige der Pharisäer meinten: Dieser Mensch kann nicht von Gott sein, weil er den Sabbat nicht hält. Andere aber sagten: Wie kann ein Sünder solche Zeichen tun? So entstand eine Spaltung unter ihnen" (9,16).

Aber wer sich vor allem für Jesus entscheidet – und Johannes führt uns die einzelnen Etappen seines Weges vor –, ist der geheilte Blinde, der sogar trotz des offenen Widerspruchs Stufe für Stufe zu einem immer klareren Verständnis dessen gelangt, was ihm geschehen ist. Er behält die Ruhe und gibt die selbstverständlichsten Antworten, läßt sich also vom natürlichen Gang der Dinge leiten und öffnet seine Augen für die Zeichen, wie sie sind. Deshalb kommt er auch dazu zu begreifen, wer sein Wohltäter ist: ein Mensch, gegen den sich so viele im Protest erheben, von dem er selbst aber nur Güte und Freundschaft erfahren hat. Hier zeigt sich die ganze Ehrlichkeit dessen, der Gottes Wirken im eigenen Leben anerkennt: zunächst erkennt er es an seinen Zeichen, dann gelangt er von ihnen zur Erkenntnis der Freundschaft, die Jesus ihm durch die Zeichen erweist, und in die Nähe zum Herrn, die die Furcht besiegt.

Auf diese wichtige Lehre weist Ignatius in der zweiten Woche hin: Zur Befreiung aus all unseren Fesseln verhilft uns nicht der Grundsatz, sie schnurstracks anzugehen, sondern vielmehr die Bereitschaft, in Verbindung zu treten mit der Armut, dem demütigen Leben und der verehrungswürdigen Person Christi. Denn nur, wenn wir mit ihm vertraut geworden sind, werden wir den kritischen Punkten in unseren Entscheidungen entgegentreten können und alles leichter finden: wir werden feststellen können, daß die Dinge, seit wir Christus kennen, uns wie von selbst auf Entscheidungen hin ausrichten, die wir – mögen sie uns auch noch eine gewisse Mühe kosten – aus unserem Innern aufsteigen fühlen werden, ohne sie erzwingen zu müssen.

Im abschließenden Zwiegespräch können wir, von den Worten des ersten Johannesbriefes ausgehend, bitten: „Du, Herr, gibst die vollkommene Liebe, die alle Furcht vertreibt. Gib mir dieses vollkommene Geschenk, so daß ich alle Ängstlichkeit in meinem Leben mutig bezwingen kann durch mein persönliches Einssein mit Jesus" (vgl. 1 Joh 4,18).

Zwölfte Meditation

Die Passion Jesu nach Johannes

Joh 18, 1 – 19, 42

Wir treten nun in die Meditation über die Passion Jesu ein, eine Meditation der „Geistlichen Übungen", die man eher schweigend machen sollte, um nicht durch Reden das Geheimnis der Banalität preiszugeben. Anstelle eigentlicher Meditationspunkte beschränke ich mich auf ein paar Hinweise zur privaten Lektüre des Johannestextes.

Das Ziel, das Ignatius mit diesen Meditationen verfolgt, wird in den Vorübungen erläutert, die je nach ihrem Thema leicht voneinander abweichen. In der ersten Meditation, die sich auf das Abendmahl richtet, heißt es: „Um Schmerz, Ergriffenheit und Beschämung bitten, weil meiner Sünden wegen der Herr zum Leiden geht" (Nr. 193). Und in der folgenden Meditation, der zweiten dieses Tages: „Bitten um das, was ich begehre; um das also, was als Bitte für die Leidenswoche eigentümlich ist: Schmerz mit dem schmerzerfüllten Christus, Zerschlagenheit mit dem zerschlagenen Christus, Tränen, innerliche Pein über die große Pein, die Christus für mich gelitten hat" (Nr. 203). Der Nachdruck liegt vor allem auf zwei Punkten: *mit* Christus dulden und „was Christus *für mich* getan hat". Wir können diese ignatianischen Anweisungen zusammenfassen in dem Hinweis auf den Satz bei Johannes, in dem schon die Passion anklingt: „Wenn einer mir dienen will, folge er mir nach; und wo ich bin, dort wird auch mein Diener sein" (12, 26). Wir wollen alle Meditationen über die Passion unter diesem Motto leben, damit *wir dort sind, wo er ist,* und so auch *bei ihm* sind, wo er *für mich ist.*

Wie gesagt, will ich nur kurze Stichworte für die Lektüre geben eingedenk dessen, daß sogar Ignatius dazu rät, am Ende der dritten Woche nach der Meditation über die einzelnen Szenen der Passion einen vollen Tag der ganzen Passion in einem Stück zu widmen, „in einer oder mehreren Übungen, je nachdem er meint, er könne mehr Nutzen daraus ziehen bei der Betrachtung" (Nr. 209). In dieser ersten Meditation werfen wir einleitend einen Blick auf eine Gruppe von Einzelthemen, um so mit der Mentalität des Johannes vertraut zu werden und das zu erhalten, was ich „geistliches Verständnis der Passion" nennen würde. Ich lasse dem noch das Schema für eine mögliche Gliederung der Passion nach Johannes in sieben Szenen folgen. In einer zweiten Meditation werden wir bei der dritten Szene der Passion (18, 28 bis 19, 16) verweilen, derjenigen, der Johannes breiteren Raum widmet, und dann kurz bei der Szene, die den schon toten Jesus am Kreuze zeigt (19, 31–37).

Zunächst also möchte ich ein paar allgemeine Aspekte des johanneischen Berichts hervorheben, die ich durch die Ausführung von *drei Themen* näher bestimmen werde. Als Einleitung dazu sollten wir bedenken, daß auch für die Leidensgeschichte zwei allgemeine Gesetze des johanneischen Stils gelten: die gegenseitige Durchdringung der Ebenen und der hieratische Zug. Ich will das kurz erklären.

Wie wir schon gesehen haben, bietet Johannes immer eine große, kontemplative Zusammenschau, in der die verschiedenen Ebenen einander gegenseitig durchdringen. Es ist so, als würden sich für den mystischen Blick des Sehers die Ebene des Erdenlebens Christi, die seines Lebens in Herrlichkeit, die des Lebens der derzeitigen Kirche, die der Apostel anredet, und die des Lebens der künftigen Kirche tatsächlich gegenseitig durchdringen und alle auf einmal erscheinen. Solch eine Sicht umfaßt also Gegenwart, Vergangenheit und Zukunft; sie umfaßt daher in unserem Fall Kreuz und Herrlichkeit, das Kreuz im demütigen Leben des Christen und seine Verherrlichung. Die Meditation der Johannespassion sollte also diese dichte gegenseitige Durchdringung der Ebenen beachten.

Ferner läßt sich nicht leugnen, daß der Passionsbericht den hieratischen, majestätischen, schleppenden und bisweilen langatmigen Stil nicht verträgt, der für Johannes typisch ist. Man brauchte nur die Pilatus-Szene zu lesen, um sogar seitens des Johannes den Eindruck einer gewissen Grausamkeit zu gewinnen: insofern als die Vorgänge, die in ihrer Brutalität doch bleiben, was sie sind – das Unrecht der Verurteilung Jesu in seiner Qual, die ungerechten Backenstreiche, die Geißelung, die Kreuzigung – nichtsdestoweniger im Licht der tiefen, eigentlichen Bedeutung, die ihnen innewohnt, verklärt werden. Man könnte Johannes fast vorwerfen, er sei gefühllos und fröne sogar Wortspielen. Nicht einmal die johanneische Ironie fehlt hier, die sogar noch beißender wird durch die Kontraste – bald Drama, bald Rüpelspiel –, die sich in den einzelnen Situationen plötzlich auftun. Allerdings wollen wir auch nicht vergessen, daß bei näherem Zusehen uns sogar die Synoptiker bei ihrer Darstellung der Passion bisweilen ein wenig grausam vorkommen: wenn wir es recht überdenken, gibt es bei ihnen weder einen Ausruf noch eine Frage, die sich dem Herzen entringen. Bedenkt man die Dramatik der Ereignisse, so stellen diese Autoren die Szenen wirklich mit einer Objektivität dar, die betroffen macht. Dabei ist jedoch zu berücksichtigen, daß man bei der Abfassung des Berichts schon längst von ihm durchdrungen war und ihn liebevoll meditiert hatte. Das hat dazu geführt, daß der Schmerz in Kontemplation übergegangen ist; und die Verfasser des Neuen Testamentes bieten uns schon weit entwickelte Gedanken über diese Geheimnisse.

Was Johannes angeht, so scheint er mit Nachdruck die Linie seiner Betrachtung über das christologische Mysterium zu verfolgen. Er erblickt in der Passion die Offenbarung des „Gottes für uns", das heißt die Vollendung der Menschwerdung: bis zu welchem Punkt Gott sich uns in seinem Sohn geschenkt hat, bis zu welchem Punkt der Vater uns im Sohne liebt. Wenden wir uns nun den Themen zu, an Hand derer Johannes seine Schau des christologischen Geheimnisses in der Passion darstellt.

1. Offenbarwerden der Herrlichkeit

Hinzuweisen ist vor allem auf das Thema der *Herrlichkeit,* das übrigens schon zu Beginn des Evangeliums aufklingt: „Wir haben seine Herrlichkeit gesehen" (1,14). Außerdem hatte es schon in Kana einen ersten Erweis der Herrlichkeit gegeben (2,11), der uns ahnen ließ, auf welchem Gebiet sich diese Herrlichkeit einmal offenbaren sollte: daß sie mit Demut und Dienen zu tun haben würde wie in Kana, aber ungleich dramatischer. Nach Kana richtet sich die ganze Erwartung der künftigen Herrlichkeit nunmehr auf die Passion. Sie wird in besonderer Weise die Stunde der Herrlichkeit sein.

So gelangen wir zum Vorspiel der Passion (vgl. 12,23–28). Wir können das eine oder andere Wort dieses

Abschnitts lesen, das für das Verständnis der Leidensgeschichte nach Johannes wesentlich ist. Der Zusammenhang ist bekannt: einige Griechen möchten Jesus sehen. Jesus antwortet: „Die Stunde ist gekommen, daß der Menschensohn verherrlicht wird. Amen, amen, ich sage euch: Wenn das Weizenkorn nicht in die Erde fällt und stirbt, bleibt es allein; wenn es aber stirbt, bringt es reiche Frucht. Wer an seinem Leben hängt, verliert es ... Wenn einer mir dienen will, folge er mir nach; und wo ich bin, dort wird auch mein Diener sein" (12,23–26). Dann folgt in Vers 28 erneut das Thema der Herrlichkeit: „Vater, verherrliche deinen Namen! Da kam eine Stimme vom Himmel: Ich habe ihn schon verherrlicht und werde ihn wieder verherrlichen." In Vers 27 hatte sich das Geheimnis der Herrlichkeit Jesu mit Erschütterung verbunden gezeigt: „Meine Seele ist erschüttert. Was soll ich sagen: Vater, rette mich aus dieser Stunde?" Dann im Vers 28: „Vater, verherrliche deinen Namen!" Diese Herrlichkeit soll nun in der Passion Jesu offenbar werden.

Hier werden Widersprüche miteinander vereint: Der Ausdruck „Herrlichkeit" bedeutet normalerweise Ehre, Huldigungen, Macht, Erfolg; Jesu Herrlichkeit jedoch, die uns hier beschrieben wird, nimmt Schande, Beleidigungen, Schläge und Verdemütigung durch die Menschen auf sich. Ein Widerspruch, der voraussetzt, daß man die Widersprüchlichkeit des Geheimnisses Gottes unter uns akzeptiert, dessen Offenbarung jetzt ihren Höhepunkt erreicht und ihre größte Kraft entfaltet. Ein Widerspruch, der sich für unsere Augen vielleicht noch aufhellen kann, wenn wir einmal die beiden Anrufungen betrachten: die Jesu – „Vater, verherrliche deinen Namen" –, und die zu Beginn des Vaterunsers – „Geheiligt werde dein Name". Diese Anrufungen erhalten erst ihre volle Bedeutung im Licht entsprechender Anrufungen, die im Alten Testament vorkommen: „Heilige deinen Namen, o Gott; verherrliche ihn," sollte heißen: „Gott, zeig, daß du mächtig bist, daß du retten kannst; zeig deine Übermacht in der Not und Bedrängnis deines Volkes!" Wenn man sich also an den alttestamentlichen Sinn hält, sind „Verherrliche deinen Sohn" (17, 1) oder „die Stunde, daß der Menschensohn verherrlicht wird," (12, 23) Wendungen, die man übersetzen könnte: „Zeig, daß dein Sohn mächtig ist und retten kann." Und diese Herrlichkeit Gottes, diese Übermacht des Sohnes erweist sich am Kreuz.

Warum? Johannes gibt die Erklärung: „Weil Gott die Welt so sehr geliebt hat, daß er seinen einzigen Sohn hingab" (3, 16). Also zeigt Gott seine Herrlichkeit in seiner Liebe zur Welt, die er so liebt: Er gibt seinen Sohn dahin am Kreuz. Gott offenbart sich in der herrlichen Fülle seiner Liebe durch diese totale Hingabe, in der Jesus sich selbst aus freien Stücken für uns darbringt.

2. Erhöhung am Kreuz

Ein zweites Thema, das mit dem vorangegangenen zusammenhängt, ist das der Erhöhung: das Kreuz als *Erhöhung*. Dazu drei sehr wichtige Stellen.

Eine erste Stelle: „Wie Mose die Schlange in der Wüste erhöht hat, so muß der Menschensohn erhöht werden, damit jeder, der glaubt, in ihm das ewige Leben hat" (3, 14 f). Man beachte, daß eben dies das Ziel ist, das Johannes mit der Niederschrift seines Evangeliums verfolgt: „Damit ihr durch den Glauben das Leben habt in seinem Namen" (20, 31); ein Ziel, das mit der Erhebung

Jesu zusammenhängt, die sich hier noch von ihrer geheimnisvollen und rätselhaften Seite zeigt. Was ist also diese Erhebung?

In Joh 8,28 wird das Geheimnis noch besonders betont: „Wenn ihr den Menschensohn erhöht habt, dann werdet ihr erkennen, daß Ich es bin. Ihr werdet erkennen, daß ich nichts im eigenen Namen tue." Die Erhebung wird somit den Augenblick bezeichnen, in dem man wahrhaft erkennen wird, wer dieser Menschensohn ist, dessen Seinsweise in jeder Hinsicht ein treues Abbild der Seinsweise Jahwes – des „Ich bin" – sein wird.

Weitere Aufklärung erhalten wir im Verlauf des Kapitels 12, das der Passion als Vorspiel dient: „Und ich, wenn ich über die Erde erhöht bin, werde alle zu mir ziehen. Das sagte er, um anzudeuten, auf welche Weise er sterben werde" (12,32f). Hier also lichtet sich das Rätsel: Die Erhebung ist die Aufrichtung des Kreuzes mit dem Gekreuzigten. Anderseits wird hier ein neuer Widerspruch deutlich. Der Ausdruck „Erhebung" läßt sich ja auch mit „Erhöhung" wiedergeben, um etwa die Thronbesteigung eines Königs auszudrücken. Die Erhöhung Jesu am Kreuz ist also eine königliche Thronerhebung, in der Jesus seine Herrschaft durch Anziehungskraft ausübt, während der auf den Thron erhobene König sich durch seine Autorität durchsetzt. Hier wird in einer Weise mit Begriffen jongliert, die uns angesichts des damit verbundenen Dramas erschrecken könnte, die uns aber in Wirklichkeit erkennen läßt, wie lange Johannes die kosmische Bedeutung des Geheimnisses Jesu am Kreuz betrachtet hat, das Mitte und Ziel aller Geschichte, Offenbarung des Sinnes der menschlichen Existenz und sogar der Existenz Gottes ist.

3. Die „Stunde" im Leben Jesu

Das dritte Thema, das wiederum eng mit den schon angedeuteten Themen zusammenhängt, ist das der *Stunde.* Es kommt schon in der Szene von Kana vor: „Meine Stunde ist noch nicht gekommen" (2, 4). Eben dieses Thema der Stunde der Herrlichkeit Jesu zieht sich in dieser oder jener Form durch das ganze Evangelium. Man denke nur an Texte wie „Die Stunde ist gekommen, daß der Menschensohn verherrlicht wird" (12, 23), oder „Die Stunde kommt, und sie ist schon da" (16, 32), usw.

Was stellt diese „Stunde" im Leben Jesu dar? Ein sehr tiefes und schwieriges Thema, zu dem es noch manche Fragen gibt, die der exegetischen Klärung bedürfen. Ich würde sie einfach so erklären: Diese „Stunde", die Jesus von Anbeginn bis zum Ende begleitet – Verlangen nach der Stunde; Stunde, die unmittelbar bevorsteht; Stunde, die sich ankündigt, die gekommen ist –, drückt die Absicht Jesu aus, sein Leben hinzugeben; eine Absicht, die seinen ganzen Lebenslauf bestimmt. Von Anfang an ist er bereit, sich hinzugeben, und er strebt dem Augenblick der Hingabe zu, der seine „Stunde" sein wird, das heißt der vom Vater ausersehene Augenblick. Sein ganzes Leben lang offenbart sich Jesus als Sohn, der sich dem Vater überläßt, ganz darauf bedacht, dem Plan der göttlichen Liebe zu entsprechen, den er uns kundtun soll. In dem Augenblick, in dem dieser Plan der Liebe von Jesus die Hingabe seines Lebens fordert, im Gehorsam dem Vater gegenüber und am Kreuz, hat seine „Stunde" geschlagen.

4. Szenen der Passion

Die nun folgenden Angaben können uns als Einführung in die betrachtende Lektüre der Passion dienen. Da die Leidensgeschichte recht lang ist – zwei ganze Kapitel – und man sich oft in den vielen Einzelheiten verliert, die sie enthält, ist es für die Lektüre sicherlich hilfreich, eine Einteilung des Textes in einzelne Szenen anzubieten, sieben Szenen, denen ich nur eine Überschrift gebe und dazu den einen oder anderen Hinweis, der jeweils hervorheben soll, worauf Johannes den größten Nachdruck zu legen scheint.

1. Die erste Szene (18, 1–12) ist die der *Festnahme Jesu.* Bei Johannes fehlt der Bericht über die Agonie im Garten, weil er die Themen des direkten Leidens übergeht und sich viel länger bei dem Thema der Selbstoffenbarung aufhält. Zur Festnahme Jesu ist vor allem dreierlei zu bemerken:

a) Ein Widerspruch: Der zur Hinrichtung Gesuchte stellt sich aus freien Stücken; die Menschen suchen ihn, weil sie seine Flucht befürchten, er aber geht hin und stellt sich.

b) Jesus offenbart sich als der, der seinen Leidensweg im Bewußtsein seiner Gottheit antritt: „Ich bin es." Heute vertreten die Exegeten allgemein, daß dieses Wort „Ich bin es", eine offene Anspielung auf die Person Jahwes enthält, dessen Name ja „Ich bin" ist. Johannes führt uns Jesus vor Augen, der in Herrlichkeit zur Passion schreitet, ganz und gar im Bewußtsein seiner Gottheit. Wenn er somit in seiner göttlichen Identität auftritt, offenbart er uns das Geheimnis des Vaters.

c) Jesu Sorge ist es, die Seinen zu retten; sie zu schützen. Er ist der Gute Hirte, der die Seinen verteidigt und nicht will, daß sie leiden wie er selbst.

2. Die zweite Szene (18, 13–27) ergibt sich aus dem Aufeinandertreffen zweier Motive: *Jesus vor den Hohenpriestern* und *Petrus,* der ihn verleugnet. Diese Motive erscheinen abwechselnd in vier Bildern: zuerst Jesus, der zu den Hohenpriestern geführt wird, dann wechselt die Szene, und es ist von Petrus die Rede; daraufhin das Verhör Jesu durch den Hohenpriester, und schließlich ist wieder die Rede von Petrus.

Was hier auffällt, ist der Mut Jesu und die Angst des Petrus. Jesus erweist sich als mutiger und ruhiger Zeuge. Petrus fällt in Angst und Schrecken und verleugnet ihn. Jesus verläßt sich auf den Vater und steht daher kraftvoll vor uns in seinem Mut, seiner Ruhe und seinem rückhaltlosen Einsatz für die Sache. Petrus verläßt sich auf sich selbst und kann nur, auf Grund seiner eigenen Hinfälligkeit, zusammenbrechen.

Es gibt in diesem Zusammenhang noch einen schmerzlichen Aspekt mehr persönlicher Art, den Johannes unterstreichen will. Jesus beruft sich auf seine Freunde: „Fragt sie; ich habe offen vor ihnen gesprochen; fragt die, die mich gehört haben"; die Seinen aber lassen ihn im Stich: „Wir wissen nicht, wer er ist." Hier zeigt sich also ein scharfer Kontrast zwischen dem Vertrauen, das Jesu auf sie setzt, und der Tatsache, daß sie dieses Vertrauen Jesu wohl kaum verdienen.

3. Die folgende, dritte Szene ist die längste (18, 28 – 19, 16): *Jesus vor Pilatus.* Bei ihr wollen wir in der nächsten Meditation verweilen. Vorweg darf ich schon sagen, was mir die Hauptsache zu sein scheint: derjenige, der gerichtet wird, herrscht als König, das heißt, er richtet. Die Menschen gebärden sich wie rasend, um Jesus zu richten. Und gerade dadurch, daß er sich richten läßt, erweist er sich als ihr wahrer Richter und ihr König.

4. Die folgende Szene (19, 17–22) ist die der *Kreuzi-*

gung. Dabei legt Johannes Wert auf die Inschrift des Kreuzes, der er etliche Verse widmet. Jesu Erhöhung zum König scheint das Thema zu sein oder, wenn man will, der Gegensatz zwischen den Menschen, die wütend dabei sind, ihn umzubringen, und seinem Königtum, das offenbar wird.

5. Die fünfte Szene (19, 23–30) ist die der *Erfüllung.* Im Augenblick des Todes Jesu wird das Heil Wirklichkeit. Es handelt sich hier um eine überaus wichtige Szene. Die Schrift geht in Erfüllung: Die Soldaten verteilen seine Kleider unter sich – das ist eins der wenigen Bibelzitate, auf denen Johannes besteht. Sodann wird Jesu Mutter den Seinen geschenkt. Mit diesem Hinschenken der Mutter an Johannes nimmt die Kirche ihren Anfang. Die paar Freunde Jesu bilden den Kern der von ihm geretteten Kirche. Jetzt kann Jesus sein letztes Wort sprechen: „Es ist vollbracht."

Danach bleibt Jesus nichts anderes mehr, als „seinen Geist aufzugeben". Auch hier ist etwas doppeldeutig. Jesus gibt seinen Geist auf, er stirbt; aber der Ausdruck, dessen Johannes sich bedient, besagt auch – und hierin scheinen die Exegeten einer Meinung zu sein –, „Jesus übergibt den Geist als Gabe", insofern er mit seinem Tod das Tor auftut für das Ausgießen des Geistes. Das ist Gottes Herrlichkeit, die hier erscheint, denn durch den Tod des Herrn hält der Geist seinen Einzug in die Welt.

6. Schließlich nach dem Tod das letzte Geheimnis (19, 31–37). Auch hier zwei Bibelzitate (die Johannes nur in den Augenblicken von größter Bedeutung anführt). Hier beziehen sie sich auf die beiden Themen des *Wassers* und des *Blutes* und des *Gotteslammes.* Das Paschaopfer des wahren Lammes ist vollbracht; der neue Tempel, aus dem das Wasser des Lebens quillt, ist nun für die Menschheit geweiht.

7. Die letzte Szene (19,38–42) beendet den Bericht mit einem Thema, das für Johannes typisch ist: *Freundesmut.* Seit dem Tod Jesu beginnt sich im Herzen derer, die seine Freunde sind, geheimnisvoll der Mut zu regen. Sie beginnen nun damit, ihn zu ehren, auch wenn sie während seiner Passion nicht so anhänglich gewesen sind. Es ist die Herrlichkeit Jesu im Herzen der Menschen, die unter dem Kreuz schon bei seinen engsten Freunden aufgegangen war, die hier auf andere überzugreifen beginnt, die nun Mut fassen und hingehen, um die Erlaubnis zur Abnahme seines Leichnams zu erbitten. „Hundert Pfund Myrrhe und Aloe" stellen eine unverhältnismäßig große Menge dar, die gut dazu geeignet ist, das Ausmaß der Trauer wiederzugeben, mit der die Seinen Jesus ehren, nachdem er sein qualvolles Geschick angenommen hatte.

Dreizehnte Meditation

Jesus vor Pilatus und die Durchbohrung des Gekreuzigten

Zur Weiterführung unserer Meditation über das Leiden Jesu betrachten wir jetzt die Hauptszene der Passion (18,28 – 19,16), den Abschnitt, der Jesus vor Pilatus zeigt. Danach widmen wir der Szene einen Blick, die auf den Tod Jesu folgt, zwei Situationen, wie sie für den Bericht des Johannes bezeichnend sind.

1. Jesus wird Pilatus vorgeführt

Der Abschnitt mit Jesus vor Pilatus ist, wie schon angedeutet, schwierig und sehr lang; ja, der Leser kann sich dem Gedanken nicht entziehen, Johannes, der im hieratischen Stil schreibt, sage hier doch etwas zuviel. Man gewinnt sogar ein wenig den Eindruck von Langatmigkeit: fast dreißig Verse, um ein paar sicher wichtige Vorgänge – die Verurteilung Jesu zum Tod – zu berichten, für die Markus fast nur halb so viel Raum verwendet. Die Juden gehen zu Pilatus, um Jesus verurteilen zu lassen; Pilatus verhört Jesus und kommt nicht zu der Überzeugung, daß er schuldig ist. Er versucht, ihn durch Zuruf frei zu bekommen, aber man gibt ihm gegenüber Barabbas den Vorzug. Pilatus läßt Jesus geißeln; die Soldaten verhöhnen ihn als Operettenkönig. Schließlich verläßt

Jesus das Prätorium und geht nach Kalvaria. So läßt sich der Inhalt der Geschichte kurz umreißen. Was will Johannes damit sagen, daß er sie uns so weit ausholend und geradezu langatmig erzählt?

Wie so oft, sind sich hier die Exegeten nicht einig. Einige wollten in dieser Szene die Absicht des Johannes sehen, das psychologische Drama der menschlichen Unschlüssigkeit darzustellen: Pilatus steht der Wahrheit gegenüber, aber hört nicht zu, kommt zu keiner Überzeugung und wird schließlich von den Ereignissen überrollt. Im Mittelpunkt der Handlung stünde also Pilatus, das heißt der Mensch: die Finsternis im Gegenüber mit dem Licht. Andere ziehen es vor, in dieser Darstellungsweise den Nachdruck zu sehen, mit dem Johannes ein Drama theologisch-politischer Art behandelt, dessen Hauptanliegen in 19,11 zum Ausdruck käme: „Du hättest keine Macht über mich, wenn es dir nicht von oben gegeben wäre." Der Ausdruck „von oben" wird dann so gedeutet, als sei damit die Macht Roms gemeint. In diesem Falle träfe sich das Thema mit dem, das dann in der Offenbarung des Johannes zur Sprache kommt: der Konflikt zwischen Kaiserreich und Kirche. Tatsächlich aber scheinen all diese Deutungen einige spätere Anliegen in den Text hineinzulesen.

Man muß vielmehr von einer objektiven Lektüre des Textes ausgehen, um zu sehen, worum es Johannes bei der Schilderung dieses so dramatischen Augenblicks im Leben Jesu wirklich geht, was die eigentlich johanneische Aussage ist. Wir haben festgestellt, daß Johannes beim Bericht über diese Vorgänge den Eindruck einer gewissen Langatmigkeit erweckt. Schon im vorigen Jahrhundert ist einigen Exegeten, die den Textabschnitt allerdings noch nicht bis ins letzte analysiert hatten, aufgefallen, wie oft und sozusagen überflüssigerweise Pilatus erwähnt wird. Er betritt mehrmals das Prätorium und verläßt es wieder. Dieses Kommen und Gehen des Pilatus bestimmt sozusagen den Rhythmus der Erzählung. Und hier verweise ich auf Kapitel 18, 29.33.38; dann auf Kapitel 19 – Vers 1 gehört natürlich indirekt auch hierhin –, 4.9.13. In all diesen Texten ist vom Hin- und Hergehen des Pilatus die Rede:

18, 29: Pilatus verläßt das Prätorium und tritt vor die Juden;

Vers 33: er geht wieder ins Prätorium und spricht mit Jesus – und hier steht die Frage nach dem Reich und nach der Wahrheit;

Vers 38: er geht wieder hinaus, um mit den Juden über Barabbas zu verhandeln; 19, 1: Pilatus läßt Jesus geißeln – was voraussetzt, daß er wieder hereinkommt; nur wird das an dieser Stelle nicht erwähnt;

Vers 4: er geht wieder hinaus und stellt Jesus vor mit den Worten: „Seht, da ist der Mensch!";

Vers 9: er kommt herein, um Jesus nochmals zu vernehmen; und schließlich

Vers 13: er geht hinaus und verkündet die Verurteilung Jesu.

Natürlich sind diese Standortveränderungen des Pilatus historisch bedingt. Die Juden konnten das Haus eines Heiden nicht betreten, ohne sich eine kultische Unreinheit zuzuziehen, die ihnen an diesem Abend die Teilnahme an den bevorstehenden heiligen Feiern unmöglich gemacht hätte. Daher bleiben sie aus Furcht vor Befleckung außerhalb des Gebäudes. Jesus hingegen braucht als Angeklagter unter diesen Skrupeln nicht zu leiden und wird somit in den Audienzsaal geführt. Die Audienz findet dann allerdings teils in, teils vor dem Hause statt. Pilatus geht ein und aus der Juden wegen, die ihm Jesus gebracht haben.

Abgesehen von dieser historischen Feststellung scheint uns aber auch eine stilistisch-theologische Aussage erarbeitet worden zu sein, die sich aus der ausdrücklichen Absicht des Evangelisten ergibt, die einzelnen Szenen gegeneinander abzusetzen. Wenigstens zwei Gründe scheinen in diese Richtung zu weisen.

Der erste ergibt sich aus der Beobachtung, daß im Rahmen dieser blockartig gegliederten Schilderungsweise einige, sogar schwerwiegende Ereignisse der Passion, wie die Geißelung, ein wenig in den Schatten treten müssen oder nur beiläufig erwähnt werden und so in den einzelnen Szenen nur am Horizont vorüberhuschen. Was hingegen die Szene beherrscht, ist auf der einen Seite die Gestalt Jesu, der ganz allein und sozusagen schweigend im Audienzsaal steht, auf der andern das schreiende Volk und Pilatus genau dazwischen.

Den zweiten Grund für diese Auffassung könnte man daraus ableiten, daß das Kommen und Gehen des Pilatus in regelmäßigen Abständen erwähnt wird wie in einem betont rhythmischen Ablauf – wir haben das schon festgestellt. Wenn wir nun dem Gang der Ereignisse im Rahmen dieser Rhythmushypothese bis zum Ende folgen, entdecken wir, daß wir es mit sieben Einzelszenen zu tun haben, so daß die ganze Begebenheit eine einzige fortlaufende, aufsteigende Entwicklung nimmt, die in der siebten Szene ihren Höhepunkt erreicht mit den Worten des Pilatus: „Das ist euer König!" (19,14). Die ganze Begebenheit, in der wichtige Motive ausgespart werden, Motive wie die kaum erwähnte Geißelung, dient also dazu, Jesu Königtum herauszustellen und zu feiern.

Ordnet man ferner die sieben Szenen so, wie es das Schema zeigt, läßt sich unter ihnen leicht eine Entsprechung chiastischer Art feststellen, insofern der 1–7

Inhalt der ersten dem der siebten, der Inhalt der 2–6
zweiten dem der sechsten, der Inhalt der dritten 3–5
dem der fünften Szene entspricht, während die 4
vierte für sich in der Mitte bleibt. Damit will ich sagen, daß nicht nur die Schlußszene – Jesus ist König –, hervorgehoben wird, sondern auch die vierte Szene – die Dornenkrönung – hat ihren besonderen Stellenwert: den einer possenhaften Königskrönung. Der Aufbau unseres Textes vollzieht sich also zum Teil in aufsteigender Linie und zum Teil konzentrisch und könnte uns auch allzu barock anmuten. In Wirklichkeit aber haben wir hier das Ergebnis einer Meditation vor uns, die sich die Ereignisse zu eigen macht und sie einander gegenüberstellt, bis sie eine Darstellungsform findet, die sie sogar in der rhythmischen Folge der Worte miteinander verbindet und so den Nachvollzug in der Erinnerung und die Kontemplation erleichtert.

Wir haben gesagt, daß die Szenen einander wörtlich entsprechen in ihrer jeweiligen Einleitung, die für jedes Szenenpaar gleich lautet – das heißt für die erste und die siebte, die zweite und die sechste usw. Sie entsprechen einander auch im Schauplatz: die erste und die siebte spielen draußen vor dem Volk; die zweite und die sechste im Palast; und die dritte und fünfte wieder vor dem Volk. Sie korrespondieren ferner auch inhaltlich: die erste und die siebte sind Szenen der Verwerfung Jesu, in denen man seinen Tod verlangt; die zweite und die sechste sind Szenen, in denen Jesus spricht: sie haben das Reich und die Königsmacht zum Gegenstand, so daß sich die Frage, um die es geht, immer dringlicher stellt, nämlich: Wieso ist Jesus König? Worin besteht Jesu Königtum eigentlich? Die dritte und die fünfte Szene enthalten je eine Erklärung zu Jesu Unschuld. Kurz, der ganze Vorgang dreht sich um Jesus. Die kunstreich verschränkte Form will nur zu einem eingehenderen Studium dessen anregen, was sich hinter den geschichtlichen Ereignissen verbirgt, damit man wirklich ihren Sinn begreift.

Es ist somit klar, daß im konzentrischen Aufbau der Szene der Vorrang zugedacht ist, die die Krönung Jesu zeigt, während in der aufsteigenden Stufenfolge die siebte – „Da ist euer König!" – den vorrangigen Platz einnimmt. Also sind es zwei Seiten des Königtums, die der Aufmerksamkeit des Betrachters dieser Szenen anheimgestellt werden. Da geht uns auf, daß das Thema, das Johannes über alles am Herzen liegt, das des Königtums ist. Deshalb kann man die einschlägige Hauptfrage so formulieren: Wie ist denn das Königtum Christi eigentlich beschaffen, wenn er, als man ihn zum König machen wollte, die Flucht ergriffen hat, während er doch hier von den Ereignissen und Situationen mit Nachdruck zum König ausgerufen wird? Oder anders gesagt: Wo ist Christus wirklich der Messias? Wo wird der messianische Triumph volle Wirklichkeit? Wo offenbart sich Gottes Herrlichkeit im messianischen Triumph des Königs? Selbstverständlich lautet die Antwort, die sich uns hier ganz spontan aufdrängt: in der Auferstehung. Aber Johannes will uns noch über diese erste Antwort hinausführen und uns zeigen, daß Christus schon in der Passion wirklich als König herrscht und das Ostergeheimnis schon seine Wirkung tut.

Jesu wahres Königtum

Sehen wir nun, wie in den einzelnen Szenen der Gedanke des wahren Königtums Christi von Stufe zu Stufe immer weiter vertieft wird. In der zweiten Szene ist es Jesus, der sich vor Pilatus zum König erklärt, allerdings mit einem ganz eigenen, noch nicht näher umrissenen Königtum; der Gedanke wird als den Tatsachen entsprechend, aber zugleich auch als geheimnisvoll hingestellt. In der vierten Szene, die im Verhältnis zu den andern Szenen genau in der Mitte steht, wird Jesus mit Dornen gekrönt, in Purpur gehüllt und als König begrüßt. Der Historiker erblickt in dieser Szene Beschämung, Schmach und Spott. Johannes hingegen schaut diese Szene wie verklärt, indem er ihre transzendente Bedeutung vor sich sieht: Jesus erweist sich als König, und die Soldaten bringen sogar in dem Glauben, ihm Schmach anzutun, den Heilsplan zur Ausführung. In dieser schmachvollen Wirklichkeit des Königtums Jesu liegt Gottes Liebe, die sich unter uns kundtut, liegt Gottes Herrlichkeit.

In der folgenden, fünften Szene wird Jesus mit den Insignien eines Königs vorgestellt. Allerdings sagt Pilatus noch nicht: „Da ist euer König", wie er es zum Schluß tun wird, sondern: „Seht, da ist der Mensch!"

Welche Entwicklung zeigt sich in dieser Erklärung des Pilatus? Auf rein historischer Ebene schimmert in diesen Worten sicherlich ein gewisses Gefühl des Mitleids mit Jesus durch: „Seht, was für ein armer Mensch, der Mann, vor dem ihr soviel Angst habt." Oder, da Pilatus, wie andere meinen, kein Mensch war, der Mitleid walten ließ, es liegt in ihnen vielleicht ein Gefühl der Verachtung für die Juden: „Das ist nun der Mensch, den man als gefährlich, als aufrührerisch aus dem Weg schaffen will." Auf theologischer Ebene jedoch, und das ist die des Johannes, der die Ereignisse immer im Licht der Meditation sieht, ist es klar, daß diese Worte einen tieferen Sinn besitzen. Wird Jesus doch nicht einfach in der Weise „Mensch" genannt wie bei seiner ersten Vorführung vor Pilatus, der herauskommt und sagt: „Welche Anklage erhebt ihr gegen *diesen Menschen?*" (18,29), sondern er wird ganz bedeutsam „ho anthropos" genannt: „Seht, da ist der Mensch!" Und dieser Ausspruch gilt dem Menschen, der da vor uns steht, dem Menschen, der die Krone und den Purpur trägt, und von dem es im gleichen Abschnitt heißt, er „habe sich als Gottes Sohn ausgegeben". Hier haben wir es sicherlich – wir bleiben dabei immer im Stil des Johannes –, mit einer Anspielung auf den Titel „Menschensohn" zu tun: Seht, der Mensch, der verheißen ist, der Mensch, der kommen soll, der mit seinem Titel „Menschensohn" an die richterliche und königliche Gewalt des Messias erinnert. Mit andern Worten: Johannes schaut in der Erniedrigung Christi das Zeichen der geheimnisvollen Macht des auf Erden gegenwärtigen Menschensohnes. Er erblickt in dieser Schau die „coincidentia oppositorum", das Zusammentreffen von Gegensätzen, an der man die Werke Gottes erkennt. Gott hatte diesen geheimnisvollen „Menschensohn", diesen Richter und König, verheißen; jetzt ist er da und übt aus dieser Situation seiner Schmach heraus seine richterliche Gewalt über die Menschheit aus.

Schließlich die letzte, siebte Szene, die mit Vers 13 beginnt: Sie wird mit besonderer Feierlichkeit umgeben. Johannes will unsere Aufmerksamkeit vor allem auf den Ort lenken, an dem sich alles abspielt: wir sind im Freien, an einem Ort, der „Lithostroton", hebräisch „Gabbata", heißt, wahrscheinlich eine damals bekannte, etwas höher gelegene Örtlichkeit, die Blick und Gedanken des Lesers fesselt. Sodann ist es für Johannes wichtig, die Stunde genau anzugeben: wir befinden uns ungefähr um die sechste Stunde, die Stunde, in der man das Pascha zurüstet, die Stunde, in der man das Osterlamm schlachtet. Genau in diesem Augenblick geht das große Geheimnis seiner Vollendung entgegen, das den eigentlichen

Sinn der Zeichen verwirklicht, die im Tempel geschehen.

Erniedrigung und Triumph zugleich

All dies führt uns zu der Annahme, daß wir ein Ereignis von großer Tragweite vor uns haben. Historisch gesehen, geht es um Jesu Verurteilung zum Tode: ein schmachvoller Akt der Geschichte, ein Akt der Gemeinheit und des Unrechts. Pilatus macht den Richter, stellt Christus als Possenkönig hin und läßt ihn dann fallen, damit man ihn kreuzigt. Das ergibt sich wenigstens, wenn man bei einer ersten, selbstverständlichen Lesart des Stückes bleibt. Gehen wir aber unsere Verse noch einmal aufmerksam durch, fällt uns mindestens zweierlei auf: 1. Tatsächlich liegt keine Verurteilung vor, da kein eigenes Urteil verkündet wird; 2. findet sich hier eine Wendung, die den Exegeten viel zu denken gegeben hat und die einigen von ihnen gewollt doppeldeutig zu sein scheint. Es geht um die Wendung „ekathisen epi bematos" in Vers 13, die die Einheitsübersetzung mit „er setzte sich auf den Richterstuhl" wiedergibt; während man allgemein annahm, die Wendung bedeute, daß Pilatus sich wie zum Tribunal niedergelassen habe, hat es – wenn man berücksichtigt, wie nahe der Name Jesu steht und daß die Verbalform „ekathisen" auch transitive Bedeutung haben kann – den Anschein, daß Pilatus „Jesus Platz nehmen ließ", ihn also auf dem Sitz installierte. So übersetzt tatsächlich die (italienische) ökumenische Bibel: „Er führte Jesus hinaus und ließ ihn auf einer Empore Platz nehmen." So gewinnt man aus dieser Szene den Eindruck, daß derjenige, der gerichtet zu werden scheint, in Wirklichkeit der ist, der in diesem Augenblick über die Menschheit zu Gericht sitzt. Oder: Die Begebenheit, die auf historischer Ebene mit der Verurteilung Jesu endet, läßt auf der Ebene ihrer Auslegung – bedenkt man, daß richterliche und königliche Gewalt gegeben sind, die Christus als Menschensohn gebühren und die Johannes schaut –, in der Erniedrigung seines Todes die Herrlichkeit Christi aufstrahlen.

Vielleicht sind wir hier an der Grenze exegetischer Analyse angelangt, an der Grenze, an der die Exegese zum exegetischen Bravourstück wird. Aber einer ganzen Reihe von Exegeten scheint diese Verständnisweise innerhalb der wahren Deutung des Johannes zu liegen: Die Sicht des Johannes ist so paradox – hat er doch Gottes Geheimnis erkannt, das jeder menschlichen Handlungsweise gegenüber paradox ist –, daß er bereit ist, auch in den schändlichsten Umständen des Todes Jesu das Zeichen der Erfüllung seiner messianischen Sendung zu erblicken. Jesus offenbart die Liebe des Vaters auf eine so unerhörte Weise, daß er kraft dieser Liebe König und Messias wird und infolgedessen Quell des Heiles für die Menschheit, ob sie ihn nun annimmt oder abweist. Hier haben wir also die Inthronisation Jesu als Messias vor uns, die in dem Augenblick erfolgt, in dem er seinen eigentlichen Auftrag zu Ende führt. Dieser Auftrag besteht darin, den Menschen die Liebe des Vaters zu offenbaren durch seine eigene Hingabe bis zum äußersten.

Der Evangelist Johannes zeigt uns in seiner Botschaft den dramatischen Konflikt zwischen Licht und Finsternis und führt uns so zum entscheidenden Höhe- und Wendepunkt, auf dem die Finsternis den Sieg davonzutragen scheint: es ist die schwärzeste Stunde der Menschheit. Und doch herrscht und triumphiert Christus tatsächlich schon in diesem Augenblick, in dem die Menschheit ihn zu zertreten versucht. Was vor Pilatus geschieht, stellt ein Zeichen dar, in dem der Historiker den Tod erblickt. Der Gläubige dagegen erkennt darin die Erfüllung des eigentlichen Auftrags Jesu, seinen Triumph.

Im Kreuz die Gewißheit finden, daß Gott uns liebt

Diese Kette von Paradoxen kann uns dazu bringen, über das paradoxe Geschehen nachzusinnen, das das Christenleben, das unser Leben ist: Gott übt durch uns in paradoxen Situationen seine Herrschaft aus, besonders in der paradoxesten von allen, im Tod. Im Ernstfall des Todes sind wir aufgerufen, Gottes Herrlichkeit zu künden, nicht durch Worte, die dafür nicht ausreichen, sondern durch das Ereignis selbst, das eingeht in den Augenblick, in dem Christus sich für uns dahingegeben hat.

Wenn wir dann die ungeheure Bedeutung bedenken, die Jesu Königtum haben kann, dürfen wir unsere Aufmerksamkeit der Lehre vom Gottesreich bei den Synoptikern zuwenden. Was heißt „Reich Gottes" oder „Reich des Vaters"? Es heißt, daß Gott die Mitte aller Dinge ist, und was da ist, unter Gottes Herrschaft seine vollkommene Harmonie besitzt. Das ist das „Reich Gottes", das Jesus durch sein Kommen aufrichten wollte. Nach der Lehre, die das Johannesevangelium darlegt, wird diese Herrschaft Jesus genau in dem Augenblick übergeben, in dem er den höchsten Dienst der Liebe und der Wahrheit zu Ende führt. Da erfüllt sich denn auch Jesu Wort von der „Anziehung". Jesus herrscht nicht durch Unterwerfung, das heißt, indem er seinen Einfluß durch Gewalt von oben von Mensch zu Mensch ausdehnt, sondern durch Anziehung. Jesus läßt an seiner Person Gottes Liebe zur verlorenen und verlassenen Menschheit aufleuchten und kann so alle an sich ziehen, die dieses Zeichen zu verstehen vermögen, das heißt, die in der Lage sind, mit Hilfe des Kreuzes aus der eigenen Armut und Verlassenheit – einer Situation, die ganz der des Sohnes gleicht –, die Gewißheit zu gewinnen, von Gott geliebt zu sein.

2. Den Sinn des Todes Jesu tiefer verstehen

Als letzte Betrachtung nehmen wir uns den Abschnitt vor, der dem Bericht über den Tod Jesu am Kreuz unmittelbar folgt (19,31–37). Wir stehen schon am Ende der Passion. Alles ist vorbei, Jesus ist tot: an sich gäbe es nichts mehr zu berichten. Und doch will Johannes, nachdem sich nun alles erfüllt hat, uns noch etwas sagen, damit wir den Sinn des Todes Jesu besser begreifen.

Jesus ist tot. In seinem Tod hat sich die Schrift erfüllt und ist sein Werk vollendet worden. Was bedeutet jedoch sein Tod? Auch hier entdeckt auf typisch johanneische Weise, die uns fast etwas seltsam erscheinen mag, der Evangelist in einem unbedeutenden anatomischen Detail den transzendenten Sinn dessen, was geschehen ist. Das vordergründige Geschehen ist an sich sehr einfach und recht plausibel. Der Sabbat bricht bald an; die Hingerichteten dürfen daher nicht am Kreuz bleiben. Nach damaliger Sitte muß man ihnen die Beine brechen, eine Gepflogenheit, die vor ein paar Jahren durch die Entdeckung der Gebeine eines Gekreuzigten in einem Grab in der Nähe von Jerusalem eine dramatische Bestätigung erfahren hat: In der Geschichte der Archäologie ist es das erste Mal, daß die Gebeine eines Gekreuzigten, zumal die Beinknochen, gefunden wurden und es ermöglicht haben, auch die Haltung des Gekreuzigten zu rekonstruieren, der mehr oder weniger ein Zeitgenosse

Jesu war: wahrscheinlich gehörte er zu denen, die, wie Flavius Josephus berichtet, kurz vor 70 n. Chr. rings um Jerusalem in großer Zahl gekreuzigt worden sind. Die Auswertung dieser archäologischen Entdeckung führte zu einem eindrucksvollen Ergebnis, da man an den Gebeinen dieses Hingerichteten sozusagen den ganzen Hergang der grausamen Hinrichtung am Kreuz ablesen kann. Man erkennt bei diesem Gekreuzigten das Loch der Nägel und auch die Zertrümmerung des Knochens, mit der die Hinrichtung abgeschlossen wurde.

Johannes spielt sozusagen auf ein Tagesereignis an. Nur werden Jesus die Beine nicht zerschlagen, aber man gibt ihm den Gnadenstoß, um sich seines Todes zu vergewissern. Das geschah durch einen Lanzenstoß in die Seite. Was dann folgt, ist aus medizinischer Sicht schwer zu erklären, scheint aber wenigstens plausibel: außer dem Blut tritt auch etwas wie Wasser aus.

Wie dem auch sei, Johannes geht es nicht um das Warum dieses Geschehens – sei es ein Wunder oder nicht –, sondern er behandelt das Ereignis als Chronist und sucht seine Bedeutung in der Schrift. Dabei fragt er sich, was das, was sich nach dem Tod Jesu zugetragen hat, im einzelnen bedeute. „Kein Gebein ist an ihm zerbrochen worden" (vgl. Ex 12, 46), und Johannes denkt an das Osterlamm und läßt uns am Kreuz Jesu das wahre Opfer Israels betrachten, mit dem endgültig in Erfüllung geht, worauf der Tempel wartete, der Tempel, der zerstört und wieder aufgebaut werden sollte, Jesus selbst, in dem das Opfer des wahren Lammes vollzogen wird. Noch geheimnisvoller ist das andere Prophetenwort: „Sie werden auf den blicken, den sie durchbohrt haben" (vgl. Sach 12, 10). Historisch gesehen, gilt es von den Soldaten und den Zuschauern, die da standen, und vielleicht auch von dem Jünger, der als Augenzeuge mit einem gewissen Interesse beobachtet hat, wie dieser letzte Rest von Leben dem Gekreuzigten entströmte. Aber das Prophetenwort richtet das Denken des Johannes auf die ganze Menschheit aus, die auf den Gekreuzigten schauen wird als totale Offenbarung des Gottes, der für uns ist, und Jesu Christi, der für uns ist bis zur äußersten Grenze seiner Liebe.

Auch das Geheimnis des Blutes und des Wassers wird ausdrücklich betont, wenn Johannes es auch nicht mit Bibelworten kommentiert: „Und der, der es gesehen hat, hat es bezeugt, und sein Zeugnis ist wahr. Und er weiß, daß er Wahres berichtet, damit auch ihr glaubt." Es bedeutet sicher etwas. Was aber? Die Exegeten schlagen verschiedene Deutungen vor. Johannes hat uns immer so viel zu sagen, daß ihm nie nur ein einziger Hinweis vorschwebt, er denkt an zwei, vielleicht auch an drei auf einmal, und alle sind sie zutreffend.

Das Wasser ist das Leben; es ist die Gabe des Geistes; und es ist auch, in den Taufkatechesen, die mit dem Kapitel 3 beginnen, das Sakrament der Taufe. Das im Tod vergossene Blut ist das Blut, von dem Jesus gesagt hat: „Wer mein Blut trinkt, hat das ewige Leben" (6,54). Auf Grund all dessen ergibt sich aus der Szene, die Johannes uns zeigt, als erste Bedeutung: Das sakramentale Leben, Taufe und Eucharistie, hat seinen Ursprung nirgendwo anders als im Tode Jesu. Die Kirche ist sich dessen bewußt, daß sie diese Gaben vom gekreuzigten Herrn empfängt.

Vielleicht hat die Szene auch noch eine andere Bedeutung, auf die das Prophetenwort des Ezechiel uns hinweist: Wie nach der Verheißung (Ez 47,1–12) aus dem neuen Tempel Ströme lebendigen Wassers aufbrechen sollten – und Jesus greift ebendieses Wort im Kapitel 7 auf –, so entspringt jetzt aus diesem neuen Tempel, der zerstört ist und unmittelbar vor dem Wiederaufbau steht, das neue Wasser des Geistes und des Lebens. Wir haben hier in Jesus das endgültige Opfer, den endgültigen Tempel, das Leben der Kirche. Vielleicht hat Johannes seine Meditation absichtlich nicht bis hierhin vorangetrieben; aber daß das sakramentale Leben von Jesus ausgeht und daß aus diesem sakramentalen Leben die Kirche geboren wird, ist hier klar zum Ausdruck gebracht.

Zum Abschluß unserer Meditation bitten wir Jesus, er möge uns erkennen lassen, wie dieser Lanzenstoß – der, menschlich gesehen, wohl aussagen möchte: Nicht einmal im Tod verschont man Jesus, da ein unerbittliches und böses Geschick dazu führt, daß man nicht nur im Leben, sondern auch im Tode gegen ihn wütet –, die Macht dessen offenbart, der ihn auf die Erde gesandt hat, und auch die Macht Jesu selbst, der in dieser letzten Schmach, die man ihm antut, die totale Erfüllung seines Auftrages hinnimmt und der Menschheit das Leben schenkt.

Das sind so paradoxe und schwerverständliche Geheimnisse, daß nur unsere Anbetung irgendwie fassen kann, was diese Andeutungen des Johannes in uns in Bewegung setzen möchten, wenn wir so den kosmischen, für die ganze Weltgeschichte gültigen Sinn des einzigen Opfers Christi am Kreuz noch einmal überdenken.

Vierzehnte Meditation

Auf der Suche nach den Zeichen

Joh 20

Als nächste Meditation lesen wir das Kapitel 20 des Johannesevangeliums. Bei Johannes finden wir zwei der Auferstehung gewidmete Kapitel, doppelt so viel wie bei den Synoptikern. Bekanntlich enthält das Johannesevangelium eine zweifache Reihe von Erzählungen, die durch einen zwischen beide Reihen eingeschobenen Schluß voneinander getrennt sind. Ebenso wie es eigentlich auch eine zweifache Reihe von Offenbarungsreden nach dem Letzten Abendmahl enthält, die Kapitel 13 und 14 mit einem eigenen Schluß und dann wiederum weitere Kapitel – 15, 16 und 17 –, die die Themen der vorausgegangenen aufgreifen.

Der Grund hierfür ist schwer zu erklären. Vielleicht liegen zwei aufeinander folgende Redaktionen vor, oder man nimmt eventuelle weitere Nachträge nur mündlich überlieferter Erinnerungen an die Gegenwart des Auferstandenen in der Gemeinde durch die johanneische Gemeinde an: Erinnerungen, die allerdings die Züge, die Mentalität und das Empfinden erkennen lassen, die dem Johannesevangelium eigen sind.

Das Kapitel 20 umfaßt vier Szenen, die ich mit folgenden Überschriften versehen würde: 1. Auf der Suche nach den Zeichen des Auferstandenen; 2. Maria Magdalena; 3. Jesus bei den Seinen; 4. Jesus und Thomas. Schließlich noch der Schluß des Evangeliums.

Nehmen wir uns also eine meditative Lektüre dieses Schrifttextes vor. Dazu will ich die eine oder andere Hilfe geben. Eine genaue Exegese dieser Kapitel wäre zu langwierig, da wir in ihr viele Themen wiederfänden, die im ganzen Evangelium allenthalben vorkommen. Auf einige werden wir eigens hinweisen, die meisten andern jedoch bilden sich bei einer aufmerksamen Lektüre von selbst heraus.

Handelt es sich im Kapitel 20 wirklich um Auferstehungsberichte? Zweifellos, ist doch aus dem Aufbau des Evangeliums ersichtlich, daß es hier um den Herrn geht, der nach seinem Tod erscheint. Anderseits sind sie wieder so ganz anders als die Auferstehungsberichte der Synoptiker, da in ihnen fast nie von Auferstehung die Rede ist – einzig in Vers 19 wird die Auferstehung indirekt erwähnt. Während die Synoptiker dazu neigen, den „Auferstandenen" zu zeigen, hat es in diesen Kapiteln den Anschein, daß Jesus derjenige ist, der nach Erfüllung seines Auftrags oder, besser, bei seiner Erfüllung zum Vater hinaufgeht.

Johannes hat tatsächlich seine eigene Sicht der Auferstehung Christi. Besteht das Hauptanliegen der Synoptiker darin, ausdrücklich zu erklären, daß Christus wahrhaft auferstanden ist, so schaut man im Johannesevangelium alles in der Perspektive der Begegnungen. Und doch könnte man gerade das Anliegen des Johannes in der Aussage zusammenfassen, derzufolge Christus „hinaufgeht" (20,17–18). Jesus erscheint uns nicht nur als der, der den Tod besiegt hat und nun zugegen ist – man denke an die Wundmale, die er den Aposteln zeigt –, sondern vor allem in seiner Eigenschaft als Sohn, der seinen Aufstieg zum Vater vollendet und den Geist mitteilt – den Geist, der in der Überlieferung der Urgemeinde, wie sich auch aus der Apostelgeschichte ergibt, das Geschenk des aufgefahrenen Herrn ist. Der Gesichtspunkt, unter dem Johannes über die Gegenwart Jesu unter den Seinen nach seinem Tod meditiert hat, wird vom Geheimnis der Rückkehr zum Vater in der Himmelfahrt bestimmt. Für Johannes ist Christus schon seit Beginn seiner Passion verherrlicht und erhöht: das ganze Ostergeheimnis besteht aus den Etappen einer Heimkehr zum Vater, die Kreuz, Auferstehung und Himmelfahrt umfaßt.

Was enthalten somit die vier Szenen des Kapitels 20 unter diesem johanneischen Gesichtspunkt? In ihnen werden die Jünger sich dessen bewußt, daß das Kreuz nicht das Ende war, sondern der Anfang der Rückkehr zum Vater, das heißt der Fülle der Herrlichkeit. Aber hinter den Jüngern taucht in dieser johanneischen Sicht das Bild einer gewaltigeren und umfassenderen Gemeindewirklichkeit auf, in der auch wir enthalten sind. Es handelt sich um eine vom Ärgernis des Kreuzes schwer getroffene Gemeinde, der der Herr hilft, ihre Traurigkeit und ihre Flucht in die Isolierung zu überwinden. Jetzt lernt sie, die Zeichen der Gegenwart des verherrlichten und mächtigen Herrn zu erkennen. Für die Jünger war der Tod des Herrn trotz der Ankündigungen Jesu der eines erledigten Menschen gewesen. Er hatte sie schwer erschüttert, wenn es auch schwer zu sagen ist, wie weit. Ganz gewiß hatten sie im gekreuzigten Herrn auch nicht die Offenbarung der Herrlichkeit des Vaters und der Liebe Gottes gesehen, sondern eher das Ende ihrer Hoffnungen. Nun zeigen diese Berichte, wie Jesus sie lehrt, wieder mit der eigentlichen Wirklichkeit Kontakt aufzunehmen, mit der Wirklichkeit des Gottes, der mit seiner gewaltigen Kraft unter uns ist, mag die jeweilige Situation auch noch so armselig und dunkel sein.

1. Maria Magdalena, Petrus und Johannes beim Grab

Die handelnden Personen der ersten Szene (1–10), die ich „Auf der Suche nach den Zeichen des Auferstandenen" überschrieben habe, sind Magdalena sowie Petrus und Johannes. Diese Überschrift könnte übrigens auch für das ganze Kapitel gelten.

Was sagt uns diese Szene? Maria geht besorgt zum Grab, als es noch dunkel ist. Sie sieht den Stein weggewälzt; sie glaubt nicht, sucht vielmehr auf der Stelle eine natürliche Erklärung. Es gelingt ihr nicht, den Sinn der Ereignisse zu sehen; deshalb läuft sie, um Petrus und Johannes zu verständigen. Auch Petrus und Johannes laufen los. Hier werfen wir einen Blick auf die Angst und Not der Kirche, wie sie die Zeichen des Auferstandenen sucht, vor allem wenn sie in Bedrängnis ist und sie ihn nicht mehr sehen kann. Johannes sieht die Leinentücher, geht aber aus Scheu vor Petrus nicht ins Grab hinein. Sie betreten es gemeinsam und entdecken in dem Anblick, der sich ihnen bietet, eine Ordnung, die sie stutzig macht. Johannes, intuitiv veranlagt, begreift sogleich: das sind die Zeichen des Herrn. Und er kommt unmittelbar zu dem Schluß: man hat den Herrn nicht gestohlen: „Er sah und glaubte" (20, 8). Das ist die Suche nach den Zeichen, wie die Urgemeinde sie gelebt hat.

Gemeinsame Suche und gemeinsames Erkennen

Nach der Lektüre des Abschnitts und der Betrachtung dieser Ereignisse können wir uns fragen, was all dies für die Kirche aller Zeiten bedeutet, für die Gemeinde auf der Suche nach den Zeichen des Auferstandenen.

In der Kirche, die auf die Suche nach den Zeichen

geht, gibt es verschiedene Temperamente und Mentalitäten: die liebevolle Zuneigung der Maria, die Intuition des Johannes, die massive Schwerfälligkeit des Petrus. Es sind verschiedene Typen, verschiedene Veranlagungen und Charaktere, die die Zeichen der Gegenwart des Herrn suchen. Aber wenn sie wirklich der Kirche angehören, ist ihnen allen die Not um die Gegenwart Jesu gemeinsam. Es gibt somit in der Kirche verschiedene Geistesgaben, die verschiedenen Veranlagungen zugrunde liegen: die einen sind schneller, die anderen langsamer; alle aber helfen einander in gegenseitiger Achtung, um gemeinsam die Zeichen der Gegenwart Gottes zu suchen und sie einander mitzuteilen trotz der je verschiedenen Haltung dem Mysterium gegenüber.

In dieser Szene finden wir ein Beispiel für das Zusammenwirken in der Verschiedenheit: jeder teilt dem andern das Wenige mit, das er gesehen hat, und gemeinsam bringen sie die christliche Existenz dort wieder auf den rechten Kurs, wo die Zeichen der Gegenwart des Herrn angesichts ernster Schwierigkeiten oder verheerender Verhältnisse verschwunden zu sein scheinen.

An dieser Stelle könnten wir an einige der „Regeln zur Unterscheidung der Geister" des heiligen Ignatius (vgl. „Geistliche Übungen", Nr. 313–336) denken, die sich geradezu aus der Lektüre dieses Kapitels zu ergeben scheinen. Ich meine hier vor allem die Regeln über den Trost und die Verhaltensregeln für Zeiten der Trostlosigkeit. Besonders erinnert sei an jene Regel, derzufolge man in der Trostlosigkeit nicht müßig bleiben darf (Nr. 319); wenn man die sichtbaren Zeichen des Herrn vermißt, muß man sich aufrütteln, sich regen, laufen, Kontakt mit andern suchen in der Gewißheit, daß Gott zugegen ist und zu uns spricht. Wenn Magdalena in der Urkirche nicht so gehandelt und mitgeteilt hätte, was sie wußte, und wenn man einander nicht geholfen hätte, wäre das Grab Grab geblieben, und niemand wäre hingegangen. Die Auferstehung Jesu wäre zwecklos geblieben. Nur die gemeinsame Suche und die gegenseitige Hilfe führen schließlich dazu, daß wir uns im gemeinsamen Erkennen von Zeichen des Herrn wiederfinden.

Da ist noch ein weiteres, das ich aus all den Einzelheiten dieses Abschnitts hervorheben möchte. In den Versen 8 und 9 heißt es: „Der andere Jünger, der zuerst an das Grab gekommen war, ging hinein; er sah und glaubte. Denn sie wußten noch nicht aus der Schrift, daß er von den Toten auferstehen mußte." Hier wird uns ein wichtiger Hinweis auf die Rolle der Schrift beim Begreifen der Zeichen der Gegenwart Gottes in der Welt gegeben. Der Text will uns sagen, daß dem Jünger schon ganz wenige Anspielungen, vielleicht sogar schon die erste Andeutung Magdalenas, genügt hätten zur Erkenntnis der Gegenwart des Herrn, wenn er wirklich die Schrift gekannt und verstanden hätte, in der er schon eine Vorstellung vom Wirken und den Erscheinungsweisen Gottes in der Geschichte besessen hätte. Da ihm diese Vorstellung fehlte, mußte man ihn näher heranführen bis zum Sehen und Berühren. Das gilt für alle christlichen Gemeinschaften: wenn wir die Gegenwart Gottes in den Situationen unseres Lebens nicht mehr erkennen können, müßte uns die Schrift wieder zu einem Blick für die Zeichen verhelfen und dafür, daß sich in so vielen Kleinigkeiten, die uns entgangen waren, die Gegenwart des Auferstandenen zeigen wollte.

Johannes will so unterstreichen, wie wichtig die eifrige Lektüre und die gründliche Kenntnis der Schrift dafür sind, die Lichtherrlichkeit des Auferstandenen in das Leben der Kirche zu bringen.

2. Der Vorrang Maria Magdalenas

Die zweite Szene (11–18) läßt uns Maria Magdalena betrachten, die allmählich zur Erkenntnis Jesu gelangt. Maria Magdalena ist unter den Personen der Handlung diejenige, welche die Zeichen und durch die Zeichen auch die Gegenwart des Herrn am leidenschaftlichsten sucht. Wenn es ihr auch am meisten an Erleuchtung fehlt, besitzt sie doch die glühendste Liebe. Nach dem Bericht des Johannes ist sie die erste, der der Herr begegnet, so daß – vergleicht man die Liebesfähigkeit Magdalenas, die intuitive Begabung des Jüngers und die Schwerfälligkeit des Petrus miteinander – die Veranlagung Maria Magdalenas den Vorzug und die erste Erscheinung des Auferstandenen zu verdienen scheint.

Beim Lesen dieses Abschnitts stößt man hier erneut und verstärkt auf die Haltung Jesu, die uns schon dem Nikodemus, der Samariterin, dem Gelähmten und dem Blinden gegenüber aufgefallen ist. Ich meine seine Liebenswürdigkeit, seine Art, als Freund zu kommen und Fragen zum jeweiligen aktuellen Anlaß zu stellen. „Was wollt ihr?" hatte Jesus die ersten Jünger gefragt (vgl. 1,38); und nun Magdalena: „Warum weinst du? Wen suchst du?" Jesus holt sie mit seiner Frage dort ab, wo sie sich befindet, um sie für das zu erleuchten, was sie von sich aus begreifen muß; dann offenbart er sich.

Warum führt uns Johannes dieses allmähliche Dämmern der Erkenntnis bei Magdalena vor, die Jesus nicht sofort erkennt, sondern erst nachher? Man kann dafür psychologische Gründe finden. Was Johannes uns jedoch lehren will, gleicht dem, was Lukas uns in der Begebenheit mit den Emmaus-Jüngern lehrt: der Herr will in der Kirche als obersten Wert den Glauben wecken. Allmählich, geduldig wirbt er um das Herz und weckt in den Gemütern das Vertrauen, aus dem dann die Möglichkeit erwächst, ihn zu erkennen.

Was dies angeht, so können wir überlegen, wie es uns auf der Suche nach den Zeichen von Gottes Gegenwart in unserem Leben ergeht. Betrachten wir uns einmal im Spiegel dieser Erzählung von der Erscheinung Jesu vor Magdalena, könnten wir sagen, daß auch wir kraft unseres Glaubens sicher sein müssen, den Herrn in unserer Nähe zu haben, und daß man nur die Augen zu öffnen braucht, um ihn in der gegenwärtigen Situation zu erkennen, die der Herr mit der Verlängerung und Ausweitung seiner Menschwerdung erreicht. Oft sagen wir: Wenn die Dinge anders lägen, wenn ich intelligenter wäre, wenn ich mehr Zeit zum Beten hätte, wenn ich anders veranlagt wäre, wenn mein Verhältnis zur Gemeinschaft anders wäre. Johannes aber sagt uns: Da, wo du bist, ist für dich auch der Herr, und du kannst ihn mit deinem Glauben und deiner Liebe aktiv als gegenwärtig erkennen. Deshalb liegt die Hauptlehre, die wir aus dieser Erzählung des Evangeliums ziehen können, darin, daß man sozusagen in den verschiedenen Aussageweisen und Zeiten, die Johannes uns erklärt, die Konjugation des gegenwärtigen menschgewordenen Wortes beherrschen muß. Dann können wir es in unserer Nähe finden und auch die unermeßliche Freude dessen empfinden, der sieht, wie eine anscheinend dunkle Stunde unverhofft von innen her verklärt wird kraft der Gegenwart des für uns gekreuzigten und für uns auferstandenen Herrn.

Der Herr erwartet uns

Beim Lesen dieses Textabschnittes können wir ein Weiteres betrachten, das mir wichtig erscheint: die Botschaft, die Jesus Magdalena anvertraut: „Ich gehe hinauf zu meinem Vater und zu eurem Vater" (20, 17). Hier bietet sich eine Synthese des ganzen Johannesevangeliums! „Ich gehe hinauf", das heißt, „meine Aufgabe ist jetzt erfüllt; ich bin bei euch gewesen, ich bleibe in eurer Mitte in den Gegenwartsformen, die ich mit meinem Leben verdeutlicht habe, und kehre zum Vater zurück, um für euch einen Platz vorzubereiten und euch demnach den Sinn dessen zu zeigen, was euch erwartet."

Das „Ich gehe hinauf" Jesu ist auch eine Einladung an uns, an das zu denken, was uns erwartet. Wenn man auch zu gewissen Zeiten der Kirchengeschichte mehr an das ewige Leben denkt und zu anderen vielleicht weniger, so bleibt die Tatsache doch bestehen: der Tod bleibt immer für alle gleich. Ausschlaggebend bleibt immer die Enderwartung, mag sie im Vordergrund unseres Bewußtseins stehen oder bisweilen in eine seiner tieferen Schichten verwiesen werden. Der Herr erwartet uns, und wir sollen immer bei ihm sein mit der ganzen von ihm erlösten Wirklichkeit. Darin liegt der Hauptanhalts- und Orientierungspunkt für unser Leben, ohne den unser Leben planlos wäre und ohne seinen eigentlichen Sinn.

Gegenwart im Geist

Betrachten wir schließlich noch einen sozusagen „trinitarischen" Aspekt des „Hinaufgehens" Jesu. Wenn Jesus sagt: „Ich gehe hinauf", meint er: „Ich bin dabei, die Art und Weise meiner Gegenwart in der Welt zu ändern; gewöhnt euch an meine Gegenwart *im Geist;* sucht mich also nicht mehr hier oder da, sondern sucht mich in allen Lagen, in denen ich mich euch im Geist und mit dem Geist zeige." Außerdem sagt Jesus: „Ich gehe hinauf *zu meinem Vater und zu eurem Vater."* Hier ist das ganze Werk Jesu wunderbar zusammengefaßt: „Sein Vater", der, der ihn gesandt hat und für den Jesus lebt, auf den Jesus sich ganz verläßt, auf dem seine Sendung beruht und also auch sein Mut inmitten aller Widerstände, ist jetzt „unser Vater". Und daher können wir, die wir uns dafür entschieden haben, in Jesus zu bleiben und uns in ihm wiederzufinden, uns jetzt genau wie er selbst ganz dem Vater überlassen und ihm vertrauen, uns in ihm unseres Auftrags in der Welt ebenso sicher fühlen wie Jesus selbst. Auch wir teilen mit ihm durch seinen Tod und seine Auferstehung das „vom" Vater „her" und das „für" den Vater Sein. In dieser Gemeinschaft geht uns auf, was auch wir durch den Glauben und die Taufe geworden sind: wir bleiben in ihm und sind daher zugleich mit ihm im Vater.

3. Jesus im Kreis der Apostel

Die dritte Szene (19–23) handelt von der Erscheinung Jesu im Kreis der Apostel: *Jesus bei den Seinen.*

Auch in ihr ist eine ganze Reihe von Themen zusammengefaßt: das Thema des Friedens; das der Sendung seitens des Vaters, die nun den Jüngern übertragen wird, die in Christus sind; das Thema des Geistes, der Vergebung: alles Themen, über die wir schon viel meditiert haben, so daß wir uns hier nur an den Text zu halten brauchen, um diese Botschaft des Johannes in ihrer ganzen Bedeutung auf uns wirken zu lassen. Wir wollen sie aber nicht so sehr als historischen Bericht dessen, was Jesus unter den Seinen getan hat, lesen, sondern eher als eine Schilderung, die uns zeigen will, wie Jesus geistlich kommt und in der Kirche zugegen ist. Wir haben gesagt, daß es Johannes nicht darum geht, mit den Synoptikern zu verkünden, daß Jesus „wahrhaft auferstanden ist". Die Ausdrücke, mit denen Johannes die Gegenwart Jesu versichert, lauten: „Jesus kommt," oder „Jesus ist zu den Seinen gekommen," denn er will ja zeigen, daß Jesus im Laufe ihrer Geschichte dauernd in der Kirche ankommt, wo immer sich wieder Gelegenheiten bieten, ihm zu begegnen und ihn aufzunehmen. Und für die erste Gelegenheit, ihn aufzunehmen, ist ausschlaggebend, daß die Jünger sich versammelt haben, wenn sie sich auch im Griff der Furcht befinden ... Sie sind jedenfalls zusammengekommen und das sicher im Gebet, bereit, einander zu helfen und gegenseitig zu trösten. Da kommt Jesus und offenbart seine Gegenwart.

Er offenbart sie durch die Gaben seiner geistlichen Gegenwart: Friede und Freude. Genau das sind die Zeichen der Gegenwart des auferstandenen Herrn unter den Seinen, die Ignatius in den „Regeln zur Unterscheidung der Geister" aufgreift: der gute Geist schenkt Frieden, Freude, Trost, Ruhe, macht schwierige Dinge leicht und beseitigt Hindernisse usw. (vgl. Nr. 315). Jesus ist da im Frieden und in der Freude, die zu einer Sendung werden: zu einer einzigen Sendung seitens des Vaters an die Welt, zur Sendung Christi, die nun die all derer wird, die in ihm sind. In ihm erhält also die Sendung jedes einzelnen ihre Bestätigung und schöpft sie seinen Mut. Nicht wir sind es, die sich in den Kopf setzen, um jeden Preis gewisse Ziele zu erreichen oder den Menschen gewisse Dinge einzuschärfen. Es ist vielmehr ein Auftrag, den wir erhalten, in dem wir uns eins sehen mit dem Herrn und mit ihm sehnlichst wünschen, der Menschheit in Liebe zu helfen.

Und es ist ein Auftrag, den man im Geist ausführt. Jesus „hauchte" sie an (20,22), eine Symbolhandlung, die vielleicht Gottes schöpferisches Handeln an Adam in Erinnerung rufen will. Der Auftrag, den wir erhalten, macht uns in der Kraft des Geistes zu neuen und anderen Geschöpfen. Eben dieses, unser Anderssein erlaubt uns, einander und den anderen die Botschaft zu bringen, daß die Sünde, das heißt die Last, die auf dem Menschen liegt, ihre bedrückende Schwere verlieren und sich in Nichts auflösen kann, wenn man nur bereit ist, in den Herrn einzugehen und so seine Vergebung erfährt.

4. Jesus und Thomas

Wenden wir uns noch kurz der letzten Szene zu: *Jesus und Thomas* (24–29). Einerseits zeigt sie uns den Menschen, der sich dem Geheimnis verschließt. Es ist nicht leicht, die Zeichen der Gegenwart Gottes in der Welt auszumachen. Einige sehen sie gleich; das mögen die affektiven Begabungen sein. Doch gelingt es auch den intuitiven sowie den schwerfälligen und verhärteten. Schließlich sind da auch die Zweifler, die zuletzt dorthin gelangen, aber auch noch ankommen können. Niemand wird ausgeschlossen, wenn es ihm nur ernst und er im Grunde guten Willens ist. Allen offenbart sich Jesus in seiner Liebe, jedem nach seiner Art.

Anderseits hebt unsere Szene die Güte Jesu hervor, der die dem Thomas gemäße Art sucht, die anders ist als die bei Magdalena, Johannes und Petrus angewandte.

Alle haben sie die Möglichkeit, sich der Gegenwart des Herrn zu öffnen. Nicht alle Methoden sind für alle geeignet, aber für alle gibt es eine Methode und eine Stunde, die der Herr kennt. Ganz gewiß will der Herr sich allen offenbaren, auch denen, die am unzugänglichsten zu sein scheinen und ihn meistens abweisen. Die Botschaft des Evangeliums erzieht uns zu dieser Zuversicht, wenn wir sie auch nicht immer unmittelbar auf konkrete Erfahrungen stützen können, die uns bisweilen eher genau das Gegenteil lehren.

Thomas sieht Jesus wieder, als er sich mit den „Seinen", den andern Aposteln, trifft: als er demütig darauf eingeht, bei den andern zu bleiben, auch wenn er sie eigentlich nicht so recht versteht. Es ist offensichtlich, daß der Text gerade dies unterstreichen will. Dann schließt der Bericht mit einer Seligpreisung, einer der beiden einzigen Seligpreisungen bei Johannes: die „Seligpreisung des Glaubens" – die hier vorliegt – und die „Seligpreisung des danach Handelns" – „Selig seid ihr, wenn ihr das wißt und danach handelt" (13, 17). Glauben und danach handeln. Selig sind wir, wenn wir unsre Augen für die Zeichen der Gegenwart Gottes in unserem Leben aufmachen – so, wie sie ist, und nicht, wie wir sie erträumt oder gewünscht hätten –, und an die Macht der Auferstehung Jesu glauben, der unter uns zugegen ist.

Fünfzehnte Meditation

Die Kirche der „Ältesten"

Joh 21

Das 21. Kapitel des Johannesevangeliums, auf das wir die abschließende Meditation richten, umfaßt drei Begebenheiten: *die Erscheinung Jesu am See* nach dem nächtlichen Fischzug; *das Zwiegespräch Jesu mit Petrus;* und schließlich die *vergleichende Gegenüberstellung von Petrus und Johannes.* Als Verbindung zu den „Geistlichen Übungen" erinnere ich an die „Regeln für das echte Gespür, das wir in der dienenden Kirche haben sollen" (vgl. Nr. 352–370).

Unser Kapitel hat ohne Frage eine ekklesiale Bedeutung, weshalb ich diese Meditation „Die Kirche der Ältesten" nenne. Es ist wahrscheinlich aus Aufzeichnungen von Ältesten entstanden, die nach dem Tod des Johannes einige auf johanneische Tradition zurückgehende Gedanken und Erzählungen gesammelt haben, die in erster Linie mit der Situation der Kirchen zu tun haben. Übrigens sehen wir in seinem Spiegel das typisch ekklesiale Problem: wie die Gegenwart des menschgewordenen Wortes sich besonders im Leben der Kirche immer weiter kundtut.

Es ist klar, daß es in diesem Abschnitt um Petrus geht. Dreimal wird er uns in einem ekklesialen Zusammenhang gezeigt: Petrus unter den Sieben, das Zwiegespräch des Petrus mit Jesus, Petrus und Johannes. Die Gestalt des Petrus kam schon im vorigen Kapitel vor, als Maria

Magdalena ihm die Botschaft brachte. Als Erster läuft er mit Johannes zum Grab, und wenn er auch später ankommt, so wartet Johannes seine Ankunft respektvoll ab. Bereits in dieser Szene war es interessant für uns festzustellen, was der Gemeinde diese Apostelpersönlichkeiten bedeuteten und wie sie in ihnen ihre eigene Lebensordnung entstehen sah.

Wenden wir uns nun den drei Szenen zu.

1. Jesus offenbart sich den Jüngern am See Tiberias

Die erste Szene handelt von der Erscheinung Jesu am See nach dem Fischzug (21, 1–14). Über die Bedeutung dieser Erscheinung haben wir bereits meditiert anläßlich der Erscheinung vor Maria Magdalena, der sie in etwa gleicht, auch wenn das, was dort nur eine einzige Person betraf, hier zum Gemeinschaftsereignis wird: der Herr ist seiner versammelten Gemeinde in der Prüfung nahe. Man hat beinahe den Eindruck, es handle sich um eine Gemeinde im Zustand der Auflösung, in der jeder aus Entmutigung versucht ist, seine eigenen Wege zu gehen, sich in Sicherheit zu bringen und die gemeinsame Sache aufzugeben. Tatsächlich aber haben wir hier eher das Bild einer Arbeitsgemeinschaft vor uns, in der sich die Freunde der ersten Stunde treffen, die Jesus schon in den ersten Tagen gerufen hat und mit denen das große Gleichnis des menschgewordenen Wortes unter uns seinen Anfang genommen hat – Petrus, Natanael, die beiden Zebedäussöhne, von denen einer ganz zu Anfang berufen wurde –, dazu noch Thomas und zwei andere, deren Namen nicht genannt sind. Simon erscheint in der Liste als Erster an prominenter Stelle wie auch schon in der Magdalenenerzählung. Darin liegt ein Hinweis auf die Bedeutung des Petrus für das Leben der Gemeinde. Die Gestalt des Petrus ist somit ausschlaggebend dafür, daß in der Gemeinde die Bereitschaft zum gemeinsamen Handeln reift: sie versuchen alle zusammen, etwas zu tun, die Schwierigkeiten der Stunde zu meistern.

Der erste Teil der Szene will uns also sagen: Auch wenn die Nacht lang und mühevoll ist, auch wenn die Arbeit schwer und vergeblich zu sein scheint, auch wenn die traurigen Zeiten in jedem einzelnen das Verlangen, nach Hause zu gehen, aufkommen ließen, müssen unbedingt alle dableiben und zusammenarbeiten. In diesem gemeinsamen Ausharren, in der Mühe, die diese Menschen, an die Jesu Ruf zuerst ergangen ist, gemeinsam auf sich nehmen, kann sich die Gegenwart des Herrn, die geschwunden schien, wieder einstellen und stellt sie sich auch wirklich wieder ein.

Tatsächlich zeigt sich der Herr am Morgen. Das Verb „este" gibt zu verstehen, daß er da stand, daß er bereits da war, daß er vielleicht schon seit der Nacht da war und man ihn nur nicht sehen konnte. Am Morgen erblickt man ihn. Er gibt sich durch drei Zeichen zu erkennen, die die Meditation durch aufmerksames Lesen dieses Textabschnitts lohnen. Wie alle andern auch – ist diese Stelle überreich an symbolträchtigen Zeichen und Worten, die bewußt gewählt wurden, um uns zum Nachdenken über seine Aussage zu bringen.

Jesus gibt sich also auf dreierlei Weisen zu erkennen, die einander allerdings ergänzen. An erster Stelle belohnt er in der Gruppe die Ausdauer dessen, der dabeigeblieben ist und trotz der Schwierigkeiten an seinem Platz ausgeharrt hat: die Gegenwart Jesu selbst ist der Lohn für diese Ausdauer. Sodann belohnt er die Ausdauer dessen, der vertrauensvoll seinen Weisungen folgt. Auch wenn es zunächst die Weisungen eines Außenstehenden zu sein scheinen und nicht recht verstanden werden, so wendet doch ein tiefes Gefühl des Vertrauens wie von selbst die Herzen der Apostel der Stimme Jesu zu, so daß sie ihr Gehör schenken. Lohn der Apostel ist der überreiche Fischfang, der im Gegensatz steht zu der langen und mühsamen vergeblichen Suche in der Nacht. Schließlich gibt Jesus sich den Seinen durch seine gewohnte Güte und Freundschaft als den zu erkennen, der immer souveränes und liebenswürdiges Entgegenkommen übt, indem er etwas verlangt und etwas anbietet, um so wahre Herzenseinheit entstehen zu lassen.

Die Aussage des Abschnittes gilt also einer Gemeinschaft, die sich daran erinnern muß, daß der Herr da und ganz nahe ist. Man braucht nur die Augen zu öffnen und die Hinweise seiner Vorsehung wahrzunehmen, um zu erkennen, daß er sich nicht geändert hat, sondern sich vielmehr immer als Freund gibt, voll Güte und königlicher Herrlichkeit, wie zu Beginn in Kana und dann der Reihe nach den Menschen gegenüber, die er während seines öffentlichen Lebens getroffen hat.

2. Jesu Zwiegespräch mit Petrus

Die beschriebene Szene bereitet eine zweite vor: das Zwiegespräch zwischen Jesus und Petrus (21, 15–19). Untersuchen wir zunächst kurz den Text, um zu sehen, was Johannes sagen will, indem er uns den Blick auf die Zukunft der Kirche freigibt.

Wir finden im Text eine dreifache Frage Jesu, der ein dreifacher Auftrag folgt. Diese drei Fragen betreffen die Liebe des Petrus zu Jesus und werden in einer Reihenfolge gestellt, welche die, die sich uns nahelegt, umkehrt. So würden wir etwa folgende Steigerung erwarten: „Liebst du mich? Liebst du mich sehr? Liebst du mich mehr als alle andern?" Statt dessen ist die Reihenfolge genau umgekehrt: „Liebst du mich mehr als alle?", dann einfach: „Liebst du mich? Liebst du mich?" – agapas me pleion touton? agapas me? phileis me? Die Steigerung liegt auch vor im Gebrauch der Verben, die man normalerweise alle gleich übersetzt, aber eigentlich wie folgt übersetzen müßte: „Er sagt zu ihm: Simon, Sohn des Johannes, liebst du mich ...? ... Zum drittenmal: Simon, Sohn des Johannes, bist du mein Freund?" Das ist eine Steigerung, die immer mehr auf die Person Jesu zu zielen scheint.

Das Amt des Hirten

Mit andern Worten: Der Hirtenauftrag, den Jesus dem Petrus erteilt, beruht mehr auf einem innigen Vertrauens- und Sohnesverhältnis zum Herrn als auf allen andern menschlichen Voraussetzungen, und wären es auch die Eignung zum Regieren oder ein Führungstalent. Was diesen Dienst vor allem auszeichnet, ist innige Verbundenheit, die sich nicht in Taten oder Worten äußert, die Menschen beurteilen können, sondern die Jesus erkannt haben muß, der in den Herzen liest: „Herr, du weißt alles; du weißt, daß ich dich liebhabe" (21,17).

Die dreifache Frage erhält eine dreifache Antwort, der eine dreifache Stellungnahme Jesu folgt, die in der Erteilung eines Auftrags ihren Ausdruck findet. Auch hier liegt ein Wechsel in der Wortwahl vor, der sich in der Übersetzung nur schwer wiedergeben läßt. Die Antwort Jesu müßte lauten: „Weide, sei Hirte, weide!" Im Griechischen sind die beiden Verben voneinander verschieden. Es ist schwer festzustellen, ob hier nur einfach lexikalische Schwankungen vorliegen, oder ob wir eine absichtliche Hervorhebung unterschiedlicher Aspekte vor uns haben. Jedenfalls liegt im Wort „poimáine" sicher ein gewollter Anklang an „poimen", den Hirten, vor, von dem im Kapitel 10 die Rede ist. Johannes lädt uns ein, mit unseren Gedanken zu der Perikope von Jesus, dem Hirten, zurückzukehren. Und was dort als besonders bezeichnend hingestellt wird, soll jetzt für Petrus gelten. Jesus, der Hirt, war der, der vor der Herde einherzieht, den die Schafe am Klang seiner Stimme erkennen, der will, daß seine Schafe Weide finden, der für sie sein Leben opfert, der sie durch und durch kennt usw.

Daraus läßt sich ableiten, welcher Art dieses Amt ist, das Jesus verleiht: es geht um die geistliche Führung derer, die den Glauben angenommen haben. Man könnte sich fragen, ob dieses Amt sich vom Missionsauftrag unterscheidet: „Ich werde dich zum Menschenfischer machen" (vgl. Lk 5, 10). Meines Erachtens hat es speziell die Gruppe der Gläubigen im Auge, insofern als dieses Amt ein Abbild der Tätigkeit ist, die Jesus bei den Seinen, den Zwölf, als Hirte ausgeübt hat: er hat ihnen den Weg gewiesen, hat sie geführt, ihnen die Weide ausgesucht. Es schließt auch eine umfassendere Sendung ein, da Jesus im Kapitel 10 von den „Schafen" spricht, „die nicht aus diesem Schafstall sind". Es handelt sich somit um einen Auftrag, der auch die Hirtensorge um jeden Menschen einzuschließen scheint, der als solcher vom Vater zu Christus hingezogen wird.

Aus der Textanalyse ergibt sich eine weitere Besonderheit, die vielleicht nur ein philologisches Wechselspiel darstellt, aber auch dazu dienen mag, das ganze Ausmaß der Aufgabe anzudeuten. Ich meine hier die unterschiedlichen Ausdrücke, die in den Versen 15–17 zur Bezeichnung des Objekts der Hirtentätigkeit verwandt werden: es ist die Rede von „Lämmern“ und von „Schafen“. Wie unterscheiden sich diese? Das ist schwer zu sagen. Lämmer und Schafe sind griechische Bezeichnungen. Da aber die Handschriften hier sehr durcheinander gehen und die Bezeichnungen miteinander vertauschen, ist es kaum möglich, hieraus etwas für eine präzise literarische Formulierung abzuleiten. Möglicherweise spielt hier nur ein Abwechslungsbedürfnis mit, vielleicht soll aber auch der ungeheure Umfang der Aufgabe gezeigt werden, der unterschiedliche Methoden der Betreuung verlangt je nach der Zielgruppe: zunächst die Anfänger, dann die, welche Fortschritte machen und weitergehen.

Sein Leben hingeben

Die Verse 18 und 19 enthalten, im engsten Zusammenhang mit dem Hirtenauftrag an Petrus, die Vorhersage seines Martyriums. „Jesus lieben“ wird hier mit der Hingabe des Lebens für ihn in Verbindung gebracht. Das Amt des Hirten entfaltet sich in dieser Fähigkeit zur Hingabe des Lebens, was der heilige Thomas in seinem Kommentar zu Joh 10 eindrucksvoll erklärt. Der Unterschied zwischen einem Hirten, der in zeitlichen Belangen sein Führungsamt ausübt, und dem Hirten der Kirche liegt hierin: Während man von demjenigen, der in zeitlichen Belangen sein Führungsamt ausübt, nicht die Hingabe seines Lebens für die andern verlangt, weil seine Pflichten nur bis zu einem bestimmten Punkt gehen, ist der Hirt der Kirche von Amts wegen gehalten, sein Leben hinzugeben. Das ist das eigentliche Merkmal, das zum Ausdruck bringt, wie tief ein Mensch denen verpflichtet ist, die ihm anvertraut sind, wenn er den von Christus empfangenen Auftrag ernst nimmt.

Die Botschaft für uns

Nach dieser kurzen Analyse des Textes fragen wir uns, welche Botschaft von bleibender Aktualität er enthält. Mit Blick auf die johanneische Gemeinde von ehedem wie auch auf die Kirche, die später von diesem Text in ihrer Überlieferung immer wieder Gebrauch gemacht und ihn überdacht hat, würde ich folgende drei Gedanken nahelegen, die sich speziell auf das Petrusamt beziehen. 1. Die Kirche hat Petrus als Hirten. Das ist eine eindeutige Anordnung Jesu, die die Gemeinden angenommen haben. 2. Dieses Amt beruht auf der Liebe und damit auf der Fähigkeit zur Hingabe des Lebens, die sich aus der Liebe ergibt. 3. Dieses Amt bringt Prüfungen mit sich, und die Prüfung, in der es um das Äußerste geht, ist das Petrus in Aussicht gestellte Martyrium: „Als du noch jung warst, hast du getan, was du wolltest; wenn du aber alt geworden bist, wirst du deine Hände ausstrecken, und ein anderer wird mit dir machen, was du nicht willst ..." (vgl. 21, 18). Wahrscheinlich ist dies schon ein Hinweis auf die Kreuzigung – diese Seiten sind erst nach dem Tod des Petrus geschrieben –, oder es wird wenigstens ganz allgemein angedeutet, daß Petrus als Märtyrer sterben soll. Jedenfalls ergeben sich, wenn wir diese drei grundsätzlichen Feststellungen akzeptieren, aus ihnen für die Gemeinde drei Aussagen und entsprechende Pflichten.

1. Die Gemeinde ist aufgerufen, im Fortwirken des Petrus in der Kirche die Fortsetzung der Hirtentätigkeit Jesu anzuerkennen. Unter all den verschiedenen und vielfachen Zeichen, unter denen Johannes uns die ständige Gegenwart und das Weiterwirken des Herrn inmitten der Seinen als fortgesetzte Menschwerdung erkennen läßt, nämlich dem Geist, dem Wasser, dem Brot,

dem Wort, befindet sich auch Petrus als Hirt der Herde. Er stellt ein Zeichen dar, das uns aufruft, die Gegenwart des Herrn zu erkennen, damit wir uns auf sie stützen und uns in unserem Wirken nach ihr richten.

2. Wenn dieses Amt auf der Liebe beruht, muß man es auch so annehmen und auslegen, nämlich als Liebesdienst, nicht aber unter anderen Gesichtspunkten: nicht als unvermeidliche Struktur oder organisatorische Notwendigkeit oder als das kleinere Übel, sondern ausschließlich als Liebesdienst. Petrus ist nicht nur da, weil wir in der Gemeinde ein bißchen Ordnung brauchen, sondern um einen Liebesdienst zu leisten, den der Herr als eine der Früchte der Menschwerdung für seine Kirche vorgesehen hat. Der Herr hat gewollt, daß sein Wirken inmitten der Apostel in der Kirche auch unter diesem mehr äußerlichen Aspekt weitergehen sollte, der anderen rein organisatorisch vorkommen würde, in Wirklichkeit aber eine der Weisen ist, auf die er weiterhin unter den Menschen anwesend bleibt. Daß es in einer Gemeinde Autorität gibt, muß man als eine der Formen ansehen und akzeptieren, unter denen Jesus „bei den Seinen" bleibt. Es ist ein Zeichen, das man als Liebesdienst und als Gabe der Gegenwart des auferstandenen Herrn annehmen muß.

Aber man muß es nicht nur annehmen, sondern auch als Liebesdienst auslegen. Man muß das pastorale Eingreifen des Petrus und seiner Nachfolger mit einem erleuchteten Blick betrachten, der die äußeren Zeichen nach einem richtigen Schlüssel zu deuten versteht. Der entsprechende Schlüssel für die Deutung ist der, der sich aus dem Vertrauen darauf ergibt, daß die Entscheidungen des Petrus in der Liebe wurzeln, die der Herr ihm schenkt. In diesem Sinne sind seine Entscheidungen aufzufassen und auszulegen, die ja nach dem Willen des

Herrn nichts anderes im Auge haben können als die Förderung der Liebe. Und das verlangt eine wahre und wohlverstandene Freiheit des Geistes.

Wir können hier die Bibelauslegung als Beispiel heranziehen. Angesichts der Bibel scheiden sich die Geister: da gibt es unbeweglich starre, zweiflerische und freie. Die Starren, die Rigoristen stoßen sich schon an den Worten der Bibel, wie es im zweiten Petrusbrief heißt: „Einige verdrehen die Briefe des Paulus ebenso wie die übrigen Schriften" (2 Petr 3, 16). Heute würden wir dies ein Verhaftetsein an den Buchstaben nennen, das die übertragenen Bedeutungen und die Vielfalt der literarischen Formen in der Bibel nicht zu verstehen vermag. Am entgegengesetzten Ende finden wir die Haltung der Zweifler. Es sind die Rationalisten, die der Bibel ihre Kraft nehmen. Neigen wir weder zu einem starren Verhaftetsein an den Buchstaben noch zu der fundamentalistischen Haltung, die Herz und Geist blockiert, ebensowenig wie zu einer rationalistischen Auffassung, die dazu führt, daß man die Schultern zuckt und sagt: „Das mag wohl in der Bibel stehen, aber wir handeln dann doch nach unserem Gutdünken." Demgegenüber sind wir in der Schriftauslegung zu einer Haltung berufen, die in geistiger Freiheit die wahre Aussage herauszuarbeiten versteht. Dem, der die Bibel liebt, erschließen sich ihre Aussageabsichten, er begreift ihren Sinn und akzeptiert ihn in Freiheit des Herzens.

In ähnlicher Weise könnten wir auch sagen: Wer Petrus liebt und ihn als Geschenk des Herrn begreift, legt den Sinn seiner Anordnungen in Freiheit des Geistes richtig aus, sieht, wie sich in ihnen die Förderung der Liebe vollzieht, und gehorcht daher in Liebe. Und wie man zur richtigen Auslegung der Bibel Mühe, Aufmerksamkeit, Klugheit und Unterscheidungsgabe braucht, da man sich sowohl durch ein Zuviel wie auch durch ein Zuwenig irren kann, so ist dieselbe Haltung auch zur Auslegung einer Entscheidung des Lehramtes oder eines Konzils oder anderer Verfügungen der kirchlichen Autorität erforderlich. Denn wie man sich vor einem unbeweglichen Geist – der alles unkritisch oder blind hinnimmt, ohne Absicht und Anlaß dessen zu erfassen, was angeordnet wird – hüten muß, müssen wir uns vor einem lauen – der nur nach dem greift, was ihm gefällt, und ablehnt oder ignoriert, was ihm nicht paßt – in acht nehmen. Gerade in der heutigen Zeit sollten wir inständig um ein offenes, wahrhaft freies Herz beten. Dies setzt eine Sicht des Glaubens voraus, die uns bis zu Jesus selbst hinführt und uns zu der Treue anhält, die wir ihm schulden.

3. Das Petrusamt bringt Prüfungen mit sich. Daraus folgt für die Gemeinde, die diesem Evangelium Gehör schenkt, daß sie Petrus in Zeiten der Schwierigkeiten nicht verlassen darf. Halten wir bei ihm aus, damit auch hier Jesu Wort an die Seinen in Erfüllung geht: „In all meinen Prüfungen habt ihr bei mir ausgeharrt" (Lk 22,28). Denken wir daran, wie in der Urkirche, als Petrus in Haft war und seine Verurteilung durch ein menschliches Gericht erwartete, „die Gemeinde inständig für ihn zu Gott betete" (Apg 12,5). Da empfand man eine tiefe Zusammengehörigkeit im Gebet und in den Herzen, ein Zeichen dafür, daß die Kirche sich treu an die Formen hielt, in denen Jesus in der Welt zugegen sein wollte.

3. Der Mut des Petrus, die Liebe des Johannes

Werfen wir noch einen kurzen Blick auf die dritte Szene mit der Gegenüberstellung von Petrus und Johannes.

Es ist ein geheimnisvoller Abschnitt, zu dessen Verständnis man zum Teil erst noch gelangen muß und für den die Exegeten jedenfalls verschiedene Deutungsmöglichkeiten anbieten. Ein paar Dinge stechen jedoch hervor. Da ist vor allem eine Frage, die Petrus bezüglich des Johannes an Jesus richtet: „Herr, was wird denn mit ihm? Jesus antwortete ihm: Wenn ich will, daß er bis zu meinem Kommen bleibt, was geht das dich an? Du aber folge mir nach!" (21,21 f).

Was bedeutet diese Stellungnahme? Es ist klar, daß hier die souveräne Freiheit Jesu, mit Johannes und den andern Aposteln zu verfahren, wie er will, auch Petrus gegenüber gewahrt wird. Jedenfalls könnte dies der historische Hintergrund dafür sein: Petrus liebte Jesus, war aber doch nicht der Jünger, der ihn am meisten liebte. In den Gemeinden Kleinasiens kannte man Johannes unter dem Namen des Jüngers, „den Jesus liebte". Und stellte man sich die Frage, wieso Petrus sein Glaubenszeugnis mit dem Tod besiegelt habe, während Johannes sehr alt geworden und friedlich in seinem Bett gestorben sei: wäre es nicht richtiger gewesen, Johannes hätte dieses Blutzeugnis abgelegt? Ja, in einem gewissen Sinn konnte diese Frage einen Schatten auf die Gestalt des Johannes werfen, als ob er trotz der großen Liebe des Herrn zu ihm nicht den Mut des Petrus besessen hätte. Eben deshalb bekräftigt der Herr hier, daß Gott in seinem Handeln absolut frei ist: gewissen Menschen, die vielleicht nur wenig geben können, verlangt er viel ab, und von anderen, die viel geben können, verlangt er offenbar weniger.

Für Gott verfügbar bleiben

Von Johannes wird verlangt, „zu bleiben", das heißt, Zeuge zu sein durch seine lange Anwesenheit in der Kirche, Petrus hingegen – mag er auch schwerfälliger im Verstehen und stürmischer gewesen sein – hat im Verlauf seiner Sendung viel dulden müssen und mit seinem Leben bezahlt. Johannes hatte also die Sendung, als Zeuge des Wortes der Kirche lange erhalten zu bleiben als der, der einer großen Gemeinde von Gläubigen die Speise des Wortes Jesu reichen und in der Urkirche eine noch tiefere Kenntnis des Ostergeheimnisses begründen konnte. Und gerade dies öffnet uns am Ende dieses Evangeliums die Augen dafür, daß wir verfügbar sein müssen für das, was Gott von uns verlangt, vielleicht für Dinge, die wir nicht erwarten, vielleicht für ein Schicksal, das wir nicht verdienen, oder für ein Los, das leichter ist, als wir vorhersehen konnten. Darin zeigt sich die souveräne Freiheit des Hern, der am Ende alles in sich selbst zusammenfaßt. Und hier müssen wir im Glauben zu ihm stehen, indem wir annehmen, was er uns nahelegt.

Noch vieles hält Gott bereit

So sind wir bei den letzten Worten des Kapitels angekommen: „Dieser Jünger ist es, der all das bezeugt und der es aufgeschrieben hat; und wir wissen, daß sein Zeugnis wahr ist. Es gibt aber noch vieles andere, was Jesus getan hat. Wenn man alles aufschreiben wollte, so könnte, wie ich glaube, die ganze Welt die Bücher nicht fassen, die man schreiben müßte" (21,24 f).

Was will uns dieser etwas naive Schluß sagen, den die Schüler am Ende des Johannesevangeliums angefügt haben? Ich glaube dies: Wir haben in diesen Geistlichen

Übungen das Evangelium nach Johannes zu lesen versucht und sind dabei auf den einen oder anderen Aspekt gestoßen. Vielleicht haben wir den Eindruck gewonnen, daß es zu weit mehr verpflichtet, als wir gedacht hätten. Das Werk Jesu aber ist noch unendlich viel größer. Gott dank, begegnet uns der Herr mit immer neuen Überraschungen. Aus diesem großen Meer seines Mysteriums haben wir nur den Teil eines Teiles berührt; nicht einmal Johannes bringt es fertig, die Tiefen des Geheimnisses Gottes auszuschöpfen. Das ist uns einerseits Anlaß zu tiefer Demut, weil wir nur so wenig sagen konnten und so vieles hätten sagen müssen, und anderseits zu grenzenloser Zuversicht, weil Gott noch vieles zu unserer künftigen Betrachtung bereithält.

ZWEITER TEIL

Biblische Ansprachen nach dem Johannesevangelium

I

Das Geheimnis des christlichen Betens

Joh 16, 23ff

Wir wollen die Worte Jesu: „Wahrlich ich sage euch: Wenn ihr den Vater um etwas bitten werdet, wird er es euch in meinem Namen geben", betrachten und uns dabei die dramatische Situation der Kirche unserer Tage vergegenwärtigen, die während der geistlichen Übungen den Hintergrund abgibt, in den unser Gebet eingebettet ist; auch wenn es sich an Gott wendet, ist unser Gebet ja immer einem konkreten Zusammenhang eingeordnet.

Die Verfassung der Kirche heute ist geprägt vom Risiko, von der ernsten Gefahr, wichtige oder wenigstens für wichtig gehaltene Werte unversehens zu verlieren. Das ist die Situation dessen, der, falls er nicht aufpaßt und nicht mehr tut, als sein Dienst von ihm verlangt, sich lebenswichtiger Werte beraubt sehen wird und dabei gar nicht einmal die Gefahr ahnt, in der er schwebt.

Wenn wir uns in diesen Tagen im Gebet üben, so geschieht dies in eben dieser Situation, vor diesem überaus ernsten Hintergrund, den wir nicht aus den Augen verlieren dürfen. Das Johannesevangelium ist eine Schule des Betens. Es vermag uns bei näherem Hinsehen eine ganze Reihe von Beispielen für das Gebet zu Jesus zu liefern: Anrufungen, Bitten, flehendes Rufen, Klagen, Schreie aus bittrer Not, Glaubensbekenntnisse, Liebesbeteuerungen, Zwiegespräche – wir finden sie praktisch im ganzen Evangelium, und sie können uns als Modell dienen zur Formulierung und Gestaltung unseres Zwiegesprächs mit Gott.

Johannes unterbreitet uns nicht nur eine Reihe von Gebeten zu Jesus, sondern auch Gebete, die Christus an den Vater richtete. Es ist sein Evangelium, in dem im Kapitel 17 das ausführlichste Gebet Jesu wiedergeben wird, und das darüberhinaus verschiedene Anrufungen, Bitten, Klagen, flehentliche Rufe, die er selbst an den Vater richtet, enthält. Auf einen dritten Aspekt, den das Johannesevangelium als Schule des Betens enthält, möchte ich im folgenden kurz eingehen. Das heißt, wir betrachten es einmal daraufhin, inwieweit es uns ein paar Unterweisungen Jesu über das Gebet geben kann. Es sind in erster Linie sechs Worte Jesu, die die johannäische Gebetsunterweisung enthält; und sie alle befinden sich in den Kapiteln 14, 15 und 16, das heißt dort, wo auf den rätselhaften Teil des Johannesevangeliums der erleuchtende oder offenbarende folgt. Und auch dies ist interessant: Das Gebet ist der Offenbarung zugeordnet. In ihm wird die wahre Beziehung zu Christus und zum Vater sichtbar.

Es handelt sich dabei um folgende Stellen: „Alles, um was ihr in meinem Namen bittet, werde ich tun"; und: „Wenn ihr mich um etwas in meinem Namen bittet, werde ich es tun" (14, 13.14).

„Wenn ihr in mir bleibt und wenn meine Worte in euch bleiben, dann bittet um alles, was ihr wollt: Ihr werdet es erhalten" (15, 7).

„Der Vater wird euch alles geben, um was ihr in meinem Namen bittet" (15, 16).

Schließlich noch die Perikope, die wir gehört haben (16, 23 ff).

Um diese Worte Jesu über das Gebet einzuordnen und

damit ihren Sinn wie auch das, was Johannes uns über diese christliche Grundhaltung sagen will, besser zu verstehen, fasse ich unsere Texte unter drei Überschriften zusammen:

- Das christologische Geheimnis des Gebetes.
- Das eschatologische Geheimnis des Gebetes.
- Das Geheimnis der Verwandlung.

Das christologische Geheimnis des Gebetes

Unter die Überschrift „Das christologische Geheimnis des Gebetes" fallen Texte wie 14,13ff; 15,16 und 16,23–24, bei denen der Nachdruck auf „bittet in meinem Namen" liegt. Das Gebet ist etwas, was man „im Namen" Jesu verrichtet. Leichter ist der Text in 16,23–24: „Was ihr vom Vater in meinem Namen erbitten werdet, das wird er euch geben." Schwieriger und dunkel ist die Stelle 14,13–14, in dem nicht mehr davon die Rede ist, „den Vater zu bitten", sondern – wenigstens wenn man den Text wörtlich nimmt – davon, „Christus in seinem Namen zu bitten". Der Versuch zu erklären, was mit „Christus in seinem Namen bitten" gemeint ist, bringt einen wirklich in Verlegenheit. Und dieses „Bitten" ist so dunkel, daß viele an ihm ihre Kritik geübt oder es gar weggelassen haben, weil sie wirklich nicht erklären konnten, was mit „mich (d.h. Christus) in meinem Namen bitten" gemeint war. Und wie ich glaube, fehlt dieser Vers 14 eben wegen dieser Schwierigkeiten auch in einigen Handschriften. Aber es ist klar, daß auch hier, wo der „Name" Jesu dem Anschein nach eigentlich nicht vorkommen dürfte, dieser Name gegenwärtig ist: das Gebet ist ein christologisches Geheimnis, etwas, was nicht wir vollbringen, sondern was wir in Christus, „in seinem Namen" vollbringen.

Was heißt also „im Namen Jesu bitten"? Es ist das, was wir in die Formel gebracht haben, die alle Gebete der Liturgie beschließt: „Durch Christus, unsern Herrn". Mit dieser Formel soll jedoch noch mehr zum Ausdruck gebracht werden, etwa das Vertrauen auf die Fürsprache Jesu Christi: Er ist die Mitte des Heilsmysteriums und der Erlöser. Deshalb kommt alles Heil in seinem Namen.

Wenn wir den Vater in seinem Namen bitten, bekennen wir uns dazu, daß das Heilsmysterium dort seinen Ausgang nimmt.

Das eschatologische Geheimnis des Gebetes

Auf ein weiteres Geheimnis stoßen wir in den anderen Texten des Johannes, mit dem wir uns jetzt im Zusammenhang mit der eschatologischen Seite des Gebets beschäftigen müssen.

Einige Texte stellen also das christologische Geheimnis heraus, andere wiederum das *eschatologische.* Es sind die Verse, die wir (als Evangelium) gelesen haben: „An jenem Tag werdet ihr in meinem Namen bitten, und ich sage nicht, daß ich den Vater für euch bitten werde" (16,26). Und dann in Vers 23 eine Aussage, die dem zu widersprechen scheint: „An jenem Tag werdet ihr mich nicht mehr fragen." Was ist „jener Tag"? Es ist bei Johannes eindeutig der eschatologische Tag. Das bestätigt eine andere Stelle, in der der Ausdruck „an jenem Tag" vorkommt: „An jenem Tag werdet ihr erkennen: Ich bin in meinem Vater, ihr seid in mir, und ich bin in euch" (14,20).

Was wird an jenem Tag geschehen? Wir werden so mit Christus eins sein wie Christus mit dem Vater, daß man nicht mehr im Gebet zu bitten braucht; oder wenn man noch bittet, werden wir es in Christus sein, die es vor den Vater bringen, und schon deshalb wird das Gebet erhört. Somit ist unser Gebet auf Erden dem eschatologischen Geheimnis zugeordnet, insofern es die Erhörung vorwegnimmt, die dem Sohn gewährt wird, die Erhörung, in der unser Gebet das Gebet Christi selbst ist und das, was der Vater uns eingibt, da wir mit Christus eins sind mit dem Vater. So ist also unser Gebet gleichsam Gottes eigenes Verlangen, Gottes eigener Atem. Unser Gebet nimmt die endzeitliche Erfüllung vorweg in diesem Augenblick der Erhörung, die dem Sohn gewährt wird, ganz wie es der endzeitlichen Situation entspricht.

Das Geheimnis der Verwandlung

Damit können wir bei Johannes auch den letzten Abschnitt über das Gebet verstehen, in dem vom Gebet als *Geheimnis der Verwandlung* oder Geheimnis der Gleichsetzung die Rede ist: „Wenn ihr in mir bleibt und wenn meine Worte in euch bleiben, dann bittet um alles, was ihr wollt: Ihr werdet es erhalten" (15,7).

Was geschieht im Gebet? Es tritt von nun an unsere Gleichsetzung mit Jesus ein, die es uns ermöglicht, in den Zustand der Einheit des Sohnes mit dem Vater einzutreten, und daher jedem Gebet in unmittelbarer Weise Erhörung bringt, da dieses Gebet aus uns wie von Gott eingegeben emporsteigt, so daß es Gottes eigener Atem ist, der uns verwandelt. Diese Lehre über das Gebet ist sicher im Vergleich zur Lehre der Synoptiker ein Schritt nach vorn: „Bittet, und man wird euch geben; klopft an, und es wird euch aufgetan; bittet, und ihr werdet empfangen". Dennoch liegt sie auf der Linie der Synoptiker, insofern als sie uns das Gebet als die Gelegenheit hinstellt, bei der wir durch die Zustimmung unseres Willens zu den Worten Jesu eins werden mit dem Willen des

Vaters und des Sohnes. Anders ausgedrückt: wer betet, macht sich die Haltung Jesu zu eigen, der in Joh 8,29 sagt: „Ich tue immer das, was dem Vater gefällt;" und 11,41–42: Vater, ich danke dir, weil du mich immer erhörst." Wie Jesus auf den Vater hört, so hört der Vater auf ihn.

Beten heißt also, im Sohn sein und die Sohneszuversicht dessen teilen, der auf den Vater hört und auf den dieser hört. Das Gebet ist somit ein Quell der Freude, denn es drückt eine Gleichsetzung aus und ist Frucht der Einheit mit dem Sohn und mit dem Vater. Und jetzt, im Gebet, wird die Zuversicht klar, von der das heutige Evangelium spricht, die Zuversicht, parrhesia, die noch viel deutlicher im ersten Johannesbrief 5,14f erklärt wird: „Wir haben ihm gegenüber die Zuversicht, daß er uns hört, wenn wir etwas erbitten, das seinem Willen entspricht. Wenn wir wissen, daß er uns bei allem hört, was wir erbitten, dann wissen wir auch, daß er unsere Bitten schon erfüllt hat." Der Gegenstand unserer Bitte ist insofern in uns, als Gott ihn uns gibt. Noch deutlicher erklärt dies ein rätselhaftes Wort bei Markus, wo es 11,24 heißt: „Darum sage ich euch: Alles, worum ihr betet und bittet – glaubt nur, daß ihr es schon erhalten habt, dann wird es euch zuteil." „Bitten" ist in dieser Sicht schon Erhalten, ist schon Empfangen, weil es mit dem Atem des lebendigen Willens Gottes geschieht. Dieser Markustext ist so dunkel, daß, wie die Handschriften zeigen, viele ihn abgeändert haben: nicht „glaubt, daß ihr es schon erhalten habt," sondern „glaubt, daß ihr es erhalten werdet," oder „daß ihr dabei seid, es zu erhalten". Doch dadurch wird der Sinn in sein Gegenteil verkehrt, denn wirklich heißt es: „Glaubt, daß ihr es schon erhalten habt."

Sich im Gebet Gott überlassen

Fragen wir uns also zum Schluß: Ist diese Lehre über das Gebet zu hoch, zu sublim? Ich glaube nicht, wenn wir uns nur einen Augenblick auf unsere Erfahrung, unsere Wünsche, unsere Gebete besinnen und uns darüber klar werden, daß wir letztlich, wenn wir richtig beten, nichts wahrhaft erbitten und ersehnen, es sei uns denn vom Vater eingegeben und vom Geist in uns angeregt. Und wenn Gott es in uns anregt, dann, weil er es uns geben will. Und wenn er es geben will, hat er es uns eigentlich schon gegeben: er muß uns bereits das Heil gegeben haben, weil er es gewollt hat. Das Gebet kommt also nicht mehr aus Not und Bedrängnis, als ginge es darum, Gott etwas zu entreißen, sondern es besteht darin, sich voll Vertrauen ihm zu überlassen in der Gewißheit, daß er, da er uns beten läßt, uns auch ganz sicher rettet.

2

Die ersten Jünger Jesu

Joh 1,35–51

Wo spielt sich die Begegnung zwischen Jesus und denen ab, die seine Jünger werden sollten? Johannes schweigt sich darüber aus, weil es Begebenheiten sind, die ständig vorkommen: Christus geht vorbei und ruft. Johannes macht allerdings eine Zeitangabe: „Am Tag darauf." Es ist der zweite „Tag darauf" nach der ersten Offenbarung, nämlich der zweite Tag der ersten Offenbarungswoche. Am ersten Tag spricht nur Johannes der Täufer; am zweiten Tag wendet er sich an seine Jünger und beginnt, sie auf Jesus hinzuweisen: Johannes wird kleiner, Jesus wächst.

Wie die Szene es darstellt, sind die Jünger beim Täufer; der erblickt Jesus, spricht von ihm, und die Jünger folgen ihm. Jesus geht vorüber: man weiß nicht, woher er kommt, wohin er geht. So handelt Jesus: auf einmal ist er da, geht weiter, und einige folgen ihm. Was tut der Täufer? Er tut, was häufig bei Berufungen geschieht: Jemand weist den Weg, man geht Jesus nach, und dann kommt schließlich das persönliche und unmittelbare Kennenlernen. Hier ist es Johannes, der den Weg weist: er wiederholt die Worte, die er früher schon vom Lamm Gottes gesagt hatte, und die Jünger lassen ihn stehen – dieses Stehenlassen schmerzt ein wenig und kommt überraschend für Johannes. Vielleicht hat er damit nicht gerechnet; sie lassen ihn stehen und folgen Jesus.

Warum folgen sie ihm? Vielleicht hat das Johanneswort – „das die Sünde der Welt hinwegnimmt" – in ihnen etwas getroffen. Auf Menschen, die das Elend und das Leid der Sünde in der Welt spüren, wirkt dieses Wort, mag es auch dunkel sein, unmittelbar anziehend. Der, der da als „Lamm Gottes" hingestellt wird, kann um den Preis der Hingabe seines Lebens, auf geheimnisvolle Weise die Situation aller Menschen wenden. Und diese Möglichkeit zieht an.

Bei Jesus bleiben

Es ist merkwürdig, daß es in den anderen Evangelien normalerweise Jesus ist, der sagt: „Folge mir," während es hier die Jünger sind, die von sich mit der Nachfolge Jesu den Anfang machen. Sie wagen aber nicht, ihn anzureden. Die Szene nimmt genau diesen, etwas geheimnisvollen, gewissermaßen nebelhaften Verlauf: sie folgen ihm, sagen aber nichts, und dann ergreift an einem bestimmten Punkt Jesus selbst das Wort: „Was sucht ihr?" Diese Frage ist wichtig, ist sie doch bei Johannes das erste Wort im Munde Jesu. Und sicher hat der Evangelist diesem Ausspruch eine besondere Bedeutung beilegen wollen. Jesus fragt: „Was sucht ihr?"; er spricht also die verborgene Sehnsucht dieser Menschen an, damit sie artikuliert und zur konkreten Nachfolge werden kann. Es ist eine einfache und höfliche, aber direkte und präzise Frage. Die Antwort scheint auf den ersten Blick etwas unbeholfen zu sein. Wir würden eine feierlichere Antwort erwarten, etwa: „Meister, was muß man tun, um das ewige Leben zu erlangen?", oder: „Meister, welches ist das Hauptgebot?"; jedenfalls würden wir Worte erwarten, die auf große Klugheit und Tiefe des Sprechers schließen ließen. Statt dessen beschränken sie sich auf eine ganz bescheidene und verlegene Frage: „Wo wohnst du?" Das ist wirklich eine simple, fast schüchterne Frage. Worauf es im Grunde ankommt, ist zu wissen, wo Jesus wohnt, damit man bei ihm bleiben kann. Letztlich ist das, was sie wollen – trotz der Anrede „rabbi – Meister" und jenseits allen intellektuellen Erkenntnisstrebens – nicht, „etwas zu erfahren", sondern „bei ihm zu bleiben". Jesus gibt ihnen in seiner Antwort nicht seine Adresse an, sondern sagt einfach: „Kommt, und ihr werdet sehen." Auch hier haben die Worte ihr Gewicht. Jesus sagt nicht, sie sollten etwas tun oder etwas suchen, sondern: „Kommt, und ihr werdet sehen," das heißt, versucht es einmal mit mir. Dieses Wort – „Kommt, und ihr werdet sehen" – kommt im folgenden, am Ende des Kapitels, in den Versen 50–51 wieder vor, wo Jesus dem Natanael sagt: „Darüber staunst du? Du wirst noch Größeres sehen." Und weiter: „Amen, amen, ich sage euch: Ihr werdet den Himmel geöffnet und die Engel Gottes auf- und niedersteigen sehen über dem Menschensohn." Und das ist, als ob er sagte: Wenn ihr den Mut habt, diesen ersten Versuch zu wagen, werdet ihr noch viel sehen; eure Erfahrung wird sich in meiner Gesellschaft ausweiten.

Die Erfahrung, die die Jünger machen, ist, hinzugehen, zu sehen, wo er wohnt und jenen Tag bei ihm zu bleiben. Man beachte die bewußt betonte Wahl von Worten, die die „Anwesenheit" ausdrücken. Schon die Frage der Jünger lautete: „Pou méneis – wo bleibst du?"; und nun wird die Szene so beschrieben: „Da gingen sie mit und sahen, wo er wohnte – pou ménei – und blieben – émeinan – jenen Tag bei ihm. Bedenkt man die Sorgfalt, die Johannes auf den Aufbau dieser ersten Begegnungsszene verwendet, so lädt auch hier die Wendung „bei Jesus bleiben" zum Nachdenken ein. Johannes wird mit „bei ihm bleiben" das Ideal der endgültig erreichten Reife definieren. Man achte auf den Unterschied in den Präpositionen: hier „bleiben sie bei ihm"; später wird Jesus verlangen: „Bleibt in mir!" Durch das äußerliche Vertrautsein mit ihm bahnt sich das innerste Vertrautsein mit dem Leben des Gottessohnes an.

Jesus kennen und andere rufen

Johannes schließt diesen kurzen Bericht mit den Worten: „Es war um die zehnte Stunde." Was soll diese „zehnte Stunde" bedeuten? An sich ist es zur Zehnten Stunde schon ziemlich spät am Nachmittag", und man könnte daher annehmen, daß sie nur kurz blieben. Es gibt allerdings noch eine andere Möglichkeit: es war die zehnte Stunde, das heißt, die ideale Stunde für die besten Entschlüsse. Nach einigen apokalyptischen Berechnungen war das zehnte Säkulum, der zehnte Zeitabschnitt, die Endzeit, so daß die zehnte Stunde die Zeit wäre, in der die erste Suche der Jünger ihr Ziel erreicht, insofern als sie zum ersten Mal die Verbindung mit dem Herrn aufgenommen haben. Von nun an folgen die Jünger Jesus nicht mehr auf Anregung anderer, sondern weil sie ihn jetzt kennen und selbst beginnen, andere zu rufen. Hier beginnt eine ganze Serie von Berufungen: Andreas ruft Petrus, dann wird Natanael von Philippus gerufen.

Diese ganze Begebenheit verdeutlicht in all ihren Einzelheiten die verschiedenen Weisen, auf die es zu einem Ruf des Herrn kommt: hat man sich ihn einmal zu eigen gemacht, so kann man ihn weitergeben; und diese Weitergabe geschieht in Freude und im Gefühl der Erfüllung, denn man teilt von einem Schatz mit, den man gefunden hat. Beachten wir jedoch, welche Unterschiede hier deutlich werden: einige folgen Jesus, weil ein anderer – der Täufer – sie dazu aufgefordert hat; gleich danach wird Philippus unmittelbar berufen; einige folgen ihm bedenkenlos; Natanael, der wohl eher zu den Gebildeten gehört, einer, der viel liest, muß sich erst Gewißheit verschaffen; aber da er ein aufrechter Mann ist, willigt auch er schließlich ein. Wir haben hier vielerlei Weisen der Annäherung, die aber alle dazu führen, Jesu Gegenwart zu bejahen und zu einer Bekanntschaft mit ihm zu gelangen, die auf persönlicher Erfahrung beruht.

Durchhalten bis zum Ende

Angesichts des großen Nachdrucks, den Johannes auf diese persönliche Erfahrung legt, muß ich an eine Geschichte der Wüstenväter denken, die sich mir eingeprägt hat. Als ich sie zum erstenmal las, mußte ich sie aus dem Koptischen übersetzen; aber später sah ich dann, daß man sie sich auch aus anderen Gründen sehr wohl merken durfte.

Ein Mönch trifft einen andern und fragt ihn: „Wie kommt es nur, daß so viele das Mönchsleben aufgeben? Wie kommt es nur?" Und der zweite Mönch antwortet: „Das geht im Mönchsleben wie mit einem Hund, der einem Hasen nachsetzt: er jagt ihm nach und bellt aus Leibeskräften. Viele andere schließen sich ihm an und jagen ihn zusammen. Doch dann kommt der Augenblick, in dem alle, die den Hasen nicht sehen, müde werden, und einer nach dem andern läuft davon. Nur die, die ihn sehen, halten durch bis zum Ende." Am Schluß der Erzählung heißt es dann: „Nur wer seine Augen auf den gekreuzigten Christus persönlich geworfen hat, kann durchhalten bis zum Ende."

Diese Erzählung sollte für jeden von uns Aufforderung sein, diese Evangelienperikope gut zu überdenken.

Was hat uns zu Beginn unseres entschiedenen Lebens für Christus eingefordert? Wahrscheinlich haben wir unsere Wahl aus tiefen und echten Beweggründen getroffen. Aber sicher auch aus anderen Gründen: weil wir zum Teil den Einflüssen unserer Umgebung ausgesetzt waren, weil Menschen uns geschoben, uns geholfen und uns gefördert haben. Eine Zeitlang kann auch all dies von positiver Bedeutung sein, aber dann kommt der entscheidende Augenblick der Reife, in dem einzig die persönliche Erfahrung mit Christus uns weiterführen kann. Das gilt auch für unsere ganze Erfahrung im Gebet und im Alltagsleben. Oft beten wir gut, weil wir ein gutes Buch über das Gebet gelesen haben, das uns begeistert hat, so daß wir zwei, drei Monate von dieser Begeisterung zehren. Oder wir haben ein Buch über das Ordensleben oder die Einsatzfreude für das Apostolat gelesen, und es kommt uns vor, als besäßen wir all die dort gepriesenen Gaben. Aber wenn alles ausgereift ist, zeigt sich, daß das, was wir bei andern gesehen oder von anderen loben hören haben, nicht von Dauer ist. Oder besser: von Dauer ist das, was wir uns selbst erworben haben – „Kommt, und ihr werdet sehen" –, das, was wir selbst ausprobiert haben.

Beten wir, daß wir – nicht durch unsere Anstrengung, denn das ist unmöglich, sondern durch Gottes Gabe – dazu kommen, die Seligkeit des „bei ihm Bleibens" zu verkosten, praktisch zu erfahren, so daß sie für uns zum Besitz wird, den wir froh und mühelos andern weiterreichen können.

3

Das Wasser, das Dürsten und der Geist

Joh 7,33–39

Die Evangelienperikope von der Verheißung des lebendigen Wassers greift zwei Momente eines einzigen Ereignisses auf, des Laubhüttenfestes, in dessen Verlauf auch Riten vollzogen wurden, die mit der Wasserspende zusammenhingen. Mir sind in diesem Textabschnitt ein paar Themen aufgefallen, auf die ich nicht so sehr exegetisch als homiletisch eingehen möchte. Beginnen wir beim zweiten Moment, dem Schluß des Abschnittes.

Zunächst bedarf es aber der Feststellung, daß für den vorletzten Vers zwei Lesarten möglich sind. Ich folge der unserer (italienischen) Übersetzung, die auch die der kritischen, von Protestanten und Katholiken gemeinsam erarbeiteten Ausgabe ist: „Wer an mich glaubt, von dem sagt die Schrift, daß aus seinem Inneren Ströme lebendigen Wassers fließen werden." Dieses „seinem" bezieht sich auf den Gläubigen. Man könnte das Wort auch auf Christus beziehen, wie andere Übersetzungen es tun. Was vom Wasser ausgesagt wird, bleibt jedoch unverändert wahr – es geht von Christus aus und sprudelt dann im Gläubigen, wie es in Joh 4 heißt, als nie versiegende Quelle.

Noch etwas fällt in diesem Text auf: Jesus steht da und ruft. Dieses Rufen Jesu kommt so oft nicht vor. Einige Verse weiter oben hat er schon einmal an diesem Fest gerufen: „Während Jesus im Tempel lehrte, rief er:

Ihr kennt mich und wißt, woher ich bin" (7,28). Jetzt ruft er am Ende des Festes ganz feierlich. Jesus wird später in Kapitel 12 noch einmal rufen, wenn er nach der eingeschobenen Betrachtung des Evangelisten über den Unglauben die letzten Worte spricht, die seine Sendung zusammenfassen und eine klare Trennung ziehen zwischen dem, der an ihn glaubt, und dem, der nicht an ihn glaubt: „Wer an mich glaubt, glaubt nicht an mich, sondern an den, der mich gesandt hat, und wer mich sieht, sieht den, der mich gesandt hat" (12,44f). Außer diesen Augenblicken, in denen Jesus ruft, wird im vierten Evangelium nur noch ein anderer Ruf erwähnt: der Johannes des Täufers, der zu Beginn des Evangeliums sein Zeugnis hinausruft (1,15).

So können wir drei Gelegenheiten voneinander unterscheiden: den Ruf des Täufers in Kapitel 1, den Ruf Jesu mitten in seiner Verkündigung in Kapitel 7 und seinen Ruf an ihrem Ende im Kapitel 12. Die Anmerkung, daß in diesem Rufen Jesu geheimnisvolle Töne mitklingen, erübrigt sich wohl. Wie gesagt, lassen einige Dinge in dieser Perikope aufhorchen. Vor allem das „lebendige Wasser", das Wasser, das aus dem hervorsprudelt, der an Jesus glaubt. Sodann die Gegebenheit, die auf das Wasser vorbereitet: das Thema des „Dürstens" zusammen mit dem des „Suchens". Ferner ein Thema, das den Schluß vorbereitet: der „Weggang" Jesu. Schließlich die Gabe des „Geistes". Diese vier Punkte wollen wir miteinander kurz betrachten.

Die Gabe des lebendigen Wassers

An erster Stelle das „lebendige Wasser": „Wer an mich glaubt, von dem sagt die Schrift, daß aus seinem Innern Ströme lebendigen Wassers fließen werden" (7, 38). Danach sehnen wir uns gewiß alle, zu einer spontanen Frömmigkeit zu gelangen, zu dem Maß an Reife und Gotteserkenntnis, das heißt, der geistlichen Erfahrung, die dazu führt, daß das, was wir sagen, wahrhaft und mit dem Siegel der Echtheit aus dem Innern kommt. Wir spüren alle, wie schmerzlich für uns die Erkenntnis ist, daß wir in unserer Predigt oft Dinge sagen, die nicht von Herzen kommen, sondern gesucht, anstudiert und erdacht sind. Und alle wünschen wir uns sehnlichst die Gabe des Geistes, die bewirkt, daß wir nur sagen, was wahrhaft aus uns aufbricht und nicht aus Büchern stammt, die wir gelesen, oder Nachrichten, die wir gehört haben. Das ist die Gabe des lebendigen Wassers, dessen Aufbrechen aus unserm Innern wir so glühend ersehnen. Wir können nur mit dankbarer Anerkennung betrachten, wie es aus Maria hervorgeströmt ist, die als Mutter Jesu mit den ganz wenigen Worten und Taten, die das Evangelium von ihr berichtet, fähig war und ist, Generationen von Gläubigen geistlich zu stärken.

Außerdem können wir Gott danken, daß auch Ignatius durch seine so harte und lange geistliche Schule ein so hohes Maß innerer Wahrhaftigkeit erreicht hat, daß die wenigen Worte der „Geistlichen Übungen" den Hunger von Generationen von Betern gestillt haben. Sie haben ihn gestillt, denn jedes einzelne von ihnen besitzt die Kraft, die aus der letzten Wahrhaftigkeit stammt, weil es tief im Herzen mit der Gabe des Geistes durchdacht worden ist. Das ist vielleicht eine der größten Gnaden, die wir für unser seelsorgliches Wirken erbeten können, denn nur zu oft ertappen wir uns dabei, daß wir Rollen spielen oder Dinge sagen müssen, mit denen wir uns wohl gern identifizieren möchten, die wir uns aber noch nicht haben aneignen können. Dann werden wir nicht mehr Auswendiggelerntes dahersagen, sondern Worte haben, hinter denen unsere eigene Erfahrung steht.

Jesus suchen

Nach dieser Gotteserfahrung „dürsten" wir. Aber Jesus sagt ja: „Wer Durst hat, komme zu mir und trinke" (7,37). Nun werden in unserer Perikope zwei Weisen der Annäherung an Jesus einander gegenübergestellt: das „Suchen" und das „Dürsten".

Was bedeutet in dieser Textstelle das „Suchen"? Es ist die Haltung der Pharisäer, die sich Jesu physisch bemächtigen wollen und ihre Diener aussenden, um ihn festzunehmen. Und Jesus antwortet darauf mit einer Reihe rätselhafter Worte: „Ich bin nur noch kurze Zeit bei euch; dann gehe ich fort, zu dem, der mich gesandt hat. Ihr werdet mich suchen, und ihr werdet mich nicht finden; denn wo ich bin, dorthin könnt ihr nicht gelangen" (7,33 f). Da wissen sie nur rat- und hilflos zu sagen: „Wohin geht er? Zu den Griechen? Was bedeutet es, wenn er gesagt hat: Ihr werdet mich suchen, aber nicht finden?" (7,35 f).

Es gibt somit auch eine falsche Art, Jesus zu suchen, wie die Schrift berichtet: Christus suchen dem Fleische nach, Christus in seinem materiellen, physischen Dasein. Für uns heißt das, zum Beispiel, bei dem Christus der Zeichen stehenzubleiben. „Ihr sucht mich," sagt Jesus, „weil ihr das Brot gesehen habt, nicht weil euch an mir etwas liegt." Tatsächlich geht uns auf, wenn wir unser eigenes Suchen einmal aufmerksam prüfen, daß wir oft, wenn nicht gar immer, etwas sehen wollen, etwas spüren oder ein Resultat nachweisen wollen. Wir suchen den Erfolg bei unserer Arbeit, suchen vielleicht Heilung von unseren inneren Schwierigkeiten: all das vermischt sich mit unserer Suche nach Jesus.

Mit diesem Thema hängt ein anderes zusammen, über das wir uns Gedanken machen können, weil es mit Zweideutigkeiten befrachtet ist: das Thema der „Glaubwürdigkeit". Wir möchten glaubwürdig sein; wir möchten, daß die Kirche glaubwürdig ist. Was aber verbirgt sich hinter diesem Bestreben? Geht es um die Suche nach Echtheit, das heißt, wollen wir selbst bis auf den letzten Grund „evangelisch" sein? Oder geht es um eine Suche nach Zeichen? Gesehen zu werden, gehört zu werden, Echo zu finden, jemand zu haben, der uns beipflichtet, weil es so schwer ist, allein zu sein … Das, was wir suchen müssen, und dessen Suche man von uns verlangt, ist vor allem die Echtheit unserer Ergebung in die Absicht Gottes, aus der dann eine Glaubwürdigkeit entspringt, die, wie die Jesu, jedem zur Verfügung steht, der glauben will. Und viele haben nicht einmal an Jesus selbst geglaubt. Wenn unsere Sorge um Glaubwürdigkeit gut ist, führt sie uns zu einer ständigen Gewissenserforschung. Wird sie hingegen zur fixen Idee, die uns keine Ruhe mehr läßt, ist sie vielleicht ein Symptom dafür, daß wir Entsprechung, daß wir Echo suchen. Und eben dies heißt, Jesus suchen, um sich seiner zu bemächtigen und ihn zum Werkzeug des eigenen Erfolgs zu machen.

Dürsten nach Glauben

Und das genaue Gegenteil dieser Weise, Jesus zu suchen, ist das Dürsten: „Wer Durst hat, komme zu mir und trinke" (7,37). „Meine Seele dürstet nach Gott," heißt es schon im Psalm (42,3). Hier geht die Richtung unseres Betens in die Tiefe, wird unser Beten noch schwieriger und mühsamer, bis es die Gestalt eines wahren und eigentlichen Ringens annimmt, das im Wesen des Gebetes liegt. Wir können Gott im Gebet bitten: „Herr, ich sehne mich danach, nach dir zu dürsten." Aber dieses Dürsten muß notwendigerweise die Stationen einiger Zeichen durchlaufen. Unser Dürsten nach Gott zeigt sich im Dürsten nach äußeren Dingen: sogar nach dem Gebet, nach der Schriftlesung, nach dem Kontakt mit andern, danach, mit andern darüber zu sprechen oder etwas darüber zu hören, nach der Seelsorge. Kurz, während es einerseits unmöglich ist, sich ein Dürsten nach Gott gleichsam in Reinkultur vorzustellen, so daß es sich nicht in Zeichen konkretisiert oder darstellt, spüren wir anderseits, daß man dieses Dürsten nach Gott verwechseln kann mit äußerlichem gesellschaftlichem Streben nach einer konkreten Situation, in der man sich über die Unbedingtheit und die Transzendenz des Verlangens, mit dem Gott uns ruft, keine Rechenschaft mehr gibt. Hier müssen wir um die Hilfe der Gottesmutter beten, die das Vorbild für diese Gottsuche ist, völlig losgelöst und doch in die Zeichen eingegangen. Auch sie hat in der Tat Freuden und Kummer erlebt, ein Alltagsleben geführt wie alle andern und die üblichen Erfahrungen gemacht. Aber Maria hat sie ganz von dem Dürsten nach Gott durchdringen lassen, das nur Gott uns ins Herz legen kann.

Jesus hilft uns bei diesem wahren Dürsten nach ihm,

denn er zieht sich zurück, geht fort. Dies ist der dritte Punkt, der mir an unserem Text auffällt: Jesus will weggehen. Dieses Weggehen Jesu, das die Pharisäer mißverstehen (vgl. 7, 35), ist im Grunde das große Ärgernis für alle, die ihn nach Menschenweise suchen. Man hat gut sagen: „Wir haben das Evangelium." Es ist aber etwas ganz anderes, die Gegenwart Jesu zu „haben". Hätten wir sie, würden wir ihn ganz sicher lieben, würden wir ihm folgen. Jetzt hingegen verlangt man von uns, unsere Erinnerung oder unser Vorstellungsvermögen zu strapazieren. Die Apostel haben die Herrlichkeit Gottes in Christus geschaut. Christus weilt aber nicht mehr unter uns, wie er bei den Aposteln gewesen ist. Und hier beginnt Christi Unterweisung für die Seinen über die Gegenwartsweisen, unter denen er sich suchen und finden läßt. Diese Weisen der Gegenwart sind so wichtig und so wirklich, daß sogar das Weggehen Jesu für uns zur Heilsgewißheit wird. Ist es doch die Gewißheit, ihn in der Gabe zu finden, in der er sich uns heute zeigt: in der Gabe des „Geistes". So schließt denn auch unsere Evangelienperikope (vgl. 7, 39). Wenn Jesus verherrlicht wird, wird uns der Geist zuteil: wir müssen die Erfahrung von Leben, Tod und Auferstehung des Herrn durchlaufen, um die Weise seiner Geistgegenwart in der Geschichte und im Alltagsleben zu verstehen.

Bitten wir daher inständig, daß wir lernen, unser Suchen zu läutern, damit es zum wahren Dürsten nach Christus wird, bis wir die Schwelle des Glaubens überschreiten. Dann wird sich uns die geistliche Dimension der Gegenwart von Gottes Herrlichkeit an den verborgenen Dingen dieser Welt enthüllten.

4

Das verborgene Leben nach Johannes

7,40–53

In diesem Abschnitt des Johannesevangeliums geht es um die Gegenwart Jesu auf der verborgenen und alltäglichen Seite des Daseins. Ich habe sie ausgewählt wegen zweier Wendungen – „kommt aus Galiläa" und „kein Prophet kommt aus Galiläa" –, die die negativen Stellungnahmen zum Thema Jesus wie zu einem Bild verdichten. Einer der Gründe, die dazu beitrugen, daß viele Jesus nicht verstanden haben, war seine niedrige Herkunft, sein einfaches Leben in Nazaret. Wenden wir uns deshalb jetzt dem verborgenen Leben Jesu in Nazaret zu und gehen wir dabei von den ganz wenigen Hinweisen aus, die Johannes uns gibt.

Bekanntlich legt Ignatius von Loyola der Meditation über Nazaret große Bedeutung bei. Bei Johannes findet man über das Leben Jesu in Nazaret eigentlich nichts: Ignatius hat Lukas als Quelle für sein ganzes Material benutzt. Doch findet man bei ihm einige wichtige Hinweise, denen wir unsere Beachtung schenken sollten.

In Geduld wachsen und abwarten

Welche Bedeutung läßt sich im Johannesevangelium dem jahrelangen Leben Jesu in Nazaret abgewinnen? Ich meine zweierlei: Zunächst ist es leicht, aus den Andeutungen des Johannes zu folgern, Nazaret bedeute das unscheinbare und eintönige Alltagsleben, dem Jesus sich angepaßt hat, um unser eigenes Leben zu heiligen, das normalerweise ebenfalls unauffällig und monoton ist. Sodann liegt in Nazaret die Zeit des geduldigen Wachsens und des Abwartens: auch das ist in unserem Leben von großer Wichtigkeit.

Nazaret bedeutet also das alltägliche Leben und zugleich das Leben des größeren Teils der Menschheit; ja, im Grunde das Leben aller Menschen, denn alle, auch die Prominenten, verbringen, aus der Nähe betrachtet, ihre Tage mit Beschäftigungen, die weithin sehr schlicht und anspruchslos sind. Die Masse der Menschheit lebt so, ohne in die Schlagzeilen zu geraten, ohne eine Spur von sich zu hinterlassen: man kommt auf die Welt und man stirbt. Und niemand außer einem ganz kleinen Personenkreis nimmt davon Notiz. Auch Jesus hat sein Leben in Nazaret, einem kleinen Dorf ohne Bedeutung und ohne besonderes Ansehen, verbracht: „Was kann aus Nazaret schon Gutes kommen?" (1,46), in einer verlassenen Gegend, Galiläa: „Aus Galiläa kann kein Prophet kommen" (7,52).

Aber Jesus hat dieses Leben nicht nur an einem Ort geführt, der fern von Geltung und Rampenlicht lag; er hat es auch inmitten von abgestumpften und einem Verständnis seiner selbst verschlossenen Menschen geführt und dabei die bedrückende Situation erfahren müssen, die das Los sehr Vieler in dieser Welt ist, ob sie am Arbeitsplatz oder in der Familie mit Menschen zusammenleben, die sie kaum verstehen, andere Interessen haben und sich nur um ihre eigenen Dinge kümmern. So lebt Jesus in einer ähnlichen Welt des geduldigen Ertragens und demütiger, verkannter Arbeit. Johannes macht darauf aufmerksam: „Auch seine Brüder glaubten nämlich nicht an ihn" (7,5). Wahrscheinlich behandelten sie ihn verächtlich, ließen ihn links liegen, verstanden ihn nicht, weil sie nicht in der Lage waren, das, was er eigentlich wollte, zu erkennen.

Vielleicht maßen sie ihm keine große Bedeutung bei oder erwarteten von ihm Dinge, die er nicht tun konnte oder wollte.

Jesus führt ein Leben, in dem für Studium kein Platz ist: Johannes sagt uns das mit seiner Bemerkung über die Verwunderung der Pharisäer: „Wie kann der die Schrift verstehen, ohne dafür ausgebildet zu sein?" (7,15). Diese Wendung ist nicht leicht zu deuten; wörtlich lautet sie: „Wieso kennt der die Buchstaben?", das heißt: „Wieso kann der lesen und schreiben?". Einige übersetzen: „Wie kommt der dazu, die Schrift zu kennen?", da der Unterricht ja durch Lesen und Abschreiben der Bibel erteilt wurde.

Nun hat aber Jesus nicht studiert; und wenn er nicht studiert hat, so heißt das, er hat gearbeitet.

Johannes gibt uns nirgendwo einen ausdrücklichen Hinweis auf die Arbeitstätigkeit Jesu, aber er verweist auf seine Müdigkeit. Jesus hat die Müdigkeit gekannt und zwar in den drückendsten Formen, in denen sie alle kennen, die bis zur Erschöpfung arbeiten. Johannes erwähnt, daß Jesus sich beim Brunnen niederläßt, müde von der Reise (vgl. 4,6), wie er oft von den Arbeiten, die man ihm zugewiesen hat, müde gewesen sein wird. Wenn er als Handwerker gearbeitet hat, mußte er es nicht nur zu Hause tun, sondern auch bei fremden Leuten: vielleicht bei den Bauarbeiten, die gerade damals in Sepphoris im Gange waren, wo man wahrscheinlich Arbeitskräfte brauchte. Jesus hat sich abgemüht, wie er auf jenem Zug durch Samaria seine Kräfte erschöpft hat. Der Text bei Johannes sagt das ziemlich hart: es heißt, Jesus sei „kekopiakós", sozusagen am Ende seiner Kräfte gewesen. Dieses Wort, sich abarbeiten bis zur Erschöpfung, kennt Jesus nur zu gut. Er verwendet es auch im 4. Kapitel in den Ausführungen, die wir schon betrachtet haben. Wie viele andere, haben wir es einfach mit „arbeiten" wiedergegeben: „ich habe euch gesandt, zu ernten, wofür ihr nicht gearbeitet habt; andere haben gearbeitet, und ihr erntet die Frucht ihrer Arbeit" (4,38). Vielleicht könnte man besser übersetzen: „Ich habe euch gesandt, zu ernten, wofür ihr euch nicht abzuquälen brauchtet; andere haben diese Mühsal auf sich genommen, und ihr erntet die Frucht ihrer Quälerei." Diese Wortverwandtschaft zwischen Erntearbeit und harter Mühsal läßt erkennen, wie tief man die drückende Last der täglichen Arbeit bis zur Erschöpfung und bis zum Sichaufreiben empfand.

Vergessen wir aber nicht, daß Jesus in Nazaret nicht nur die Situation dessen geheiligt hat, der zur täglichen Arbeit verpflichtet ist, damit man sie in seinem Geist und mit seinem Mut lebt und auf sich nimmt. Nazaret bedeutet vielmehr auch die Zeit des langsamen und langwierigen Wachsens. Im Johannesevangelium finden wir viele Hinweise, die uns auch das verständlich machen. Als seine Brüder ihm zusetzen, daß er zum Feste zieht und mit seinen Werken an die Öffentlichkeit tritt, sagen sie: „Niemand wirkt im Verborgenen, wenn er öffentlich bekannt sein möchte. Wenn du das tust, zeig dich der Welt!" (7,4). Und Jesus antwortet: „Meine Zeit ist noch nicht gekommen, für euch aber ist immer die rechte Zeit" (7,6).

Den Augenblick Gottes erkennen

In der Heilsgeschichte gibt es Zeiten, die Geduld und Abwarten fordern. Das sind die Zeiten des Wachsens. In diesem Text wird daher ausdrücklich die Ruhe Jesu, der abwartet – und in Nazaret jahrelang abwartet –, bis sich der von Gott gewollte Augenblick deutlich zeigt, der Hast dessen gegenübergestellt, der sofort etwas tun will. Hier können wir wirklich sehen, wie notwendig die Zeit des Wachsens ist, die einfach zum Menschsein gehört; hat doch jedes Ding seine Zeit. Welchen Wert die Zeit hat, lehrt uns Jesus mit dem Hinweis auf den „Augenblick" Gottes, der noch nicht gekommen ist, der aber allmählich kommt und sich zu seiner Zeit zeigen wird.

Das ist eine Lehre, die mit großer Vorsicht zu genießen ist, da sie uns nicht zur Untätigkeit verleiten darf: sie muß uns den rechten Blick für die Zeiten im geistlichen Leben, die Zeiten im Leben der Kirche und in unserem eigenen Leben geben. Übrigens glaube ich, daß der reife Christ, je mehr er nach und nach einen Blick für Situationen und Menschen bekommt, gerade diese Erfahrung macht: die Zeiten der Menschen sind überaus verschieden. Es gibt Menschen, die in ein paar Tagen zu einer Spiritualität gelangen, an die andere in Jahren und aber Jahren nicht einmal heranreichen, bis sie schließlich unter großen Mühen dorthin gelangen. Wir stellen das selbst bisweilen in unserer Erfahrung fest: ergeht es einem nicht manchmal so, daß man staunend Menschen gegenüber steht, die Anfänger oder zu jung zu sein scheinen, und doch in kurzer Zeit Einsichten, Klarheit und eine innere Ruhe erlangt hatten, die uns jahrelang versagt geblieben war. Das Tempo des Wachstums und des Voranschreitens ist auf dem Weg zum Heil sehr unterschiedlich. Der eine begreift gewisse Dinge auf der Stelle, der andere braucht Jahre, Jahrzehnte oder gar ein ganzes Leben dazu.

In all dem liegt eine seltsame Weisheit, die uns auch wie Fatalismus vorkommen könnte; doch muß die Tatsache, daß Jesus diese allmählichen Reifungsprozesse gelebt und bejaht hat, uns zu denken geben: Jedes Ding zu seiner Zeit! Deshalb dürfen wir nicht absichtlich das Tempo verlangsamen. Gleichwohl ist zu berücksichtigen, daß es verborgene Gesetze gibt, die in der Natur wie im Geist, in den Völkern wie in Gemeinschaften, die Entwicklung lenken. Und diese Gesetze wollen beachtet sein, damit wir einerseits auf Grund unserer Untätigkeit nicht den rechten Augenblick verpassen, aber auch andererseits nicht glauben, wir könnten beschleunigen und erzielen, was vielmehr einen tiefen und persönlichen Reifungsprozeß erfordert. Das, was man in zu kurzer Zeit ausführt, wird immer unecht und provisorisch bleiben und früher oder später vom Organismus abgestoßen werden, der es nicht assimilieren konnte.

All diese Formen der Achtung, des ruhigen Abwartens und der Demut lehrt uns Jesu Leben in Nazaret; Achtung vor unserem eigenen Leben wie vor dem aller anderen Menschen in seiner Alltäglichkeit, in der sich doch die Herrlichkeit Gottes offenbart; Achtung vor der langwierigen und mühevollen Entwicklung, die das Lebenstempo der Kirche, der Einzelnen und der Völker ist. Es ist ganz sicher, daß man unendlich viel mehr erreicht, wenn man sich an den Plan Gottes hält, als wenn wir das Tempo bestimmten. Vielleicht wird sich diese Lehre als schwer verständlich erweisen, wie auch das ganze Beispiel der dreißig Jahre in Nazareth schwer faßbar und unbegreiflich ist. Doch bitten wir Jesus, daß auch diese Form seiner Gegenwart unter uns zu unserer Belehrung und inneren Umwandlung gereicht.

5

Über die „dritte Weise der Demut"

Joh 8,46–59

Das Evangelium, das wir gehört haben, gibt uns Anregung zu einer Betrachtung, die mir hier, am Ende unserer Erwägungen zum öffentlichen Leben Jesu und an der Schwelle der Passion, passend erscheint. Wir können diese Meditation unter den Titel stellen „Jesus unter der Kritik der Menschen". Wir alle sind oft der Kritik ausgesetzt, ja, bisweilen zieht man uns geradezu die Haut ab wie dem heiligen Bartholomäus. Im Laufe unseres Lebens mag es dann geschehen, daß wir allmählich aus dem bequemeren Lager der Kritiker in das ihrer Opfer hinüberwechseln, und je weiter wir kommen, umso höher häufen sich die Kritiken bündelweise auf unseren Schultern. So ist es hilfreich zu betrachten, wie Jesus sich in ähnlichen Situationen verhalten hat.

Ich habe diese Stelle aus dem Johannesevangelium (8,46–59) als eine der Perikopen ausgewählt, in denen die Vorwürfe und Beleidigungen, die Jesus treffen, am furchtbarsten sind. Sie ist aber auch eine Zusammenfassung vieler anderer Stellen, an denen Jesus der erbarmungslosen Kritik seiner Zeitgenossen ausgesetzt ist.

Diese Anklagen und Beleidigungen Jesu sind sehr verschiedenartig. Hier wirft man Jesus vor, er sei ein Samariter, das heißt ein Häretiker, und vom Dämon der Überheblichkeit besessen: „Bist du etwa größer als unser Vater Abraham?" (8,53). Darüber hinaus wissen wir, daß man ihm andernorts vorhält, er sei ein Sünder, er habe nicht studiert, er komme aus Galiläa – „wir wissen nicht, woher er kommt“ –, er halte den Sabbat nicht, er habe niemand außer sich selbst, der für ihn Zeugnis ablege …

Sich der Kritik stellen

All diese Vorwürfe, die das Johannesevangelium anführt, lassen erkennen, daß Jesus nicht allen paßte, ja, daß er etlichen mißfiel. So interessiert die Frage: Wie verhält sich Jesus angesichts dieser sehr harten und bisweilen wirklich vernichtenden Kritik?

Vor allem glaube ich sagen zu dürfen, daß Jesus sich nicht darüber wundert, daß man Kritik an ihm übt: er sieht es sogar kommen. Wie Johannes schon zu Anfang warnend sagt, als Jesus begann, die ersten Jünger zu berufen: „Jesus aber vertraute sich ihnen nicht an, denn er wußte, was im Menschen ist“ (2,24 f). Jesus rechnete nicht damit, daß alle mit offenem Mund dastünden und ihm zuhörten, nur weil er spräche und die Wahrheit sagte. Im Gegenteil, Jesus war sich schon darüber im klaren, daß „ein Prophet in seiner eigenen Heimat nicht geehrt wird“ (4,44).

Dem ist noch hinzuzufügen, daß Jesus nicht nur der Kritik nicht ausweicht, sondern sie sogar erwidert und sich gegen die schwerwiegendste und härteste Kritik verteidigt. Als man ihm sagt: „Warum tust du das am Sabbat?“, antwortet Jesus: „Mein Vater ist noch immer am Werk, und auch ich bin am Werk“ (5,16 f). Hier müßte man die Kapitel 5, 7, 8 und einen Teil des Kapitels 10 fast vollständig anführen, in denen Jesus sich mit Nachdruck gegen die Kritik wehrt, die ihn trifft. Es ist eine kraftvolle und leidenschaftliche Verteidigung.

Das gibt uns zu denken: Jesus hatte recht, während

wir eher unrecht haben. Daher sollten wir zunächst auf den Protest hören, der sich gegen uns erhebt, und ihn überdenken. Oft werden wir dann sehen, daß die Kritik an uns berechtigt ist. Mitunter halten wir es jedoch für bequemer, wenn Protest gegen uns laut wird, sich zurückzuziehen und den Mund zu halten. Dies ist kennzeichnend für eine Haltung, in der oft ein wenig Stolz und Hochmut liegt: die andern verstehen mich nicht, sie wissen ja gar nicht, worum es geht ... So ist, was wie Demut aussehen könnte, in Wirklichkeit ein Rückzug auf uns selbst und Verachtung für die andern, da wir uns ja nicht mit ihnen auf eine Stufe stellen wollen. Jesus aber stellt sich wirklich auf eine Ebene mit den andern und sucht den Dialog. Deshalb kann – das müssen wir zugeben –, Jesus auch kraftvoll zum Gegenangriff übergehen, wenn er sagt: „Ihr urteilt nur nach Menschenart" (vgl. 8,47); und als der Streit um Abraham geht: „Wenn ihr Kinder Abrahams wärt, würdet ihr so handeln wie Abraham" (8,39).

Die Kraft, zu reden und zu schweigen

Wenn wir also das Verhalten Jesu in all dem näher betrachten, spüren wir, wie der Text des Evangeliums eine außergewöhnliche Ruhe atmet. Jesus vermag offensichtlich geduldig zuzuhören und zu antworten, indem er sich, wenn nötig, auch mit leidenschaftlichem Eifer zur Wehr setzt oder gar zum Angriff übergeht, aber immer in tiefer innerer Gefaßtheit. Das zeigt sich an der Wahl der Worte und der Ausdrucksweise. Es läßt sich auch nicht behaupten, dies sei einfach ein literarischer Kunstgriff des Evangelisten. Spiegelt sich doch hier gewiß ein Zug Jesu so, wie Johannes ihn gekannt hat: es war also wirklich seine Gestalt, er persönlich, der sich so gab. Wo liegt der tiefste Grund dieser Ruhe Jesu auch angesichts der vernichtendsten Kritik, die sich gegen den Sinn seines Wirkens richtete und ihn ins Gegenteil umkehrte mit dem Vorwurf, er sei „vom Teufel besessen"? Jesus gibt uns dazu im Laufe seiner Streitgespräche mehrmals Auskunft. Als man ihm, zum Beispiel, vorhält, er lege Zeugnis für sich selber ab, antwortet Jesus: „Der Vater, der mich gesandt hat, legt über mich Zeugnis ab" (8, 18). Unter der Last dieser leidenschaftlichen Kritik stützt sich Jesus auf seine Sendung durch den Vater. Und als man ihm die schwersten Beleidigungen entgegenschleudert: „Du bist vom Teufel besessen," erwidert er: „Ich bin von keinem Dämon besessen, sondern ich ehre meinen Vater; ihr aber schmäht mich" (8, 49). „Der Vater, der mich gesandt hat": Hier liegen die Wurzeln der Ruhe, die bei Jesus zur Fähigkeit wird, zuzuhören, nachzudenken, zu urteilen und zu antworten, ohne je maßlos zu werden, aber auch ohne hinter dem Maß zurückzubleiben.

Diese Art von Zugehörigkeit zum Vater bereitet uns schon auf das erhabene, unerreichte Beispiel Jesu vor, wenn er an einem gewissen Punkt den Anwürfen der Menschen keine Antwort mehr entgegensetzt, sondern sich schweigend dem Vater überläßt: die Kraft, die ihm erlaubt hat zu reden, befähigt ihn auch zu schweigen und anzunehmen.

Neben dem Vertrauen auf den Auftrag, den Gott uns gibt – unsere einzige Zuflucht, wenn wir von verschiedenster Kritik zugedeckt werden –, und somit neben der Bereitschaft, die Situation, soweit möglich, noch einmal zu überprüfen, weist uns Ignatius noch auf eine andere Stütze hin, die uns wiederum die Betrachtung dessen, was Jesus getan hat, gewährt: es ist die Liebe zu Jesus in seiner Erniedrigung. Hier liegt die Bedeutung der sogenannten „dritten Weise der Demut“ (vgl. „Geistliche Übungen“, Nr. 164–168). Ignatius hat, wie er in seinem Tagebuch erklärt, in mancherlei Situationen die tiefe Freude erfahren, irgendwie eine entfernte Ähnlichkeit zu den Verdemütigungen Jesu zu erleben. Das erklärt auch bei Ignatius die für ihn so bezeichnende Fähigkeit, zuzuhören, Kritik hinzunehmen, sich, wenn nötig, zu verteidigen und auch mit aller Macht Widerstand zu leisten; aber immer in dem Maß, das eben dem Maß Jesu entspricht.

6

Die Fußwaschung

Joh 13, 1–17

In diesen Tagen der österlichen Bußzeit betrachten wir, wie die Herrlichkeit des göttlichen Wirkens sich in der Selbsthingabe Jesu „bis zum Ende" offenbart: sie ist das großartige Wirken Gottes auf Erden, das, was ihn ganz und gar offenbart und was uns das wahre Gesicht unseres Menschseins enthüllt. Es sind dies die Gedanken, die in dieser Einleitungsperikope der Passionsgeschichte wieder aufgenommen werden. Sie bildet im Denken des Johannes ein überaus wichtiges Stück, da sie die Stelle des Einsetzungsberichtes der Eucharistie einnimmt, den er gut kennt und in anderen Teilen des Evangeliums ausdrücklich erwähnt. An dieser Stelle will er zeigen, was dieser Bericht bedeutet. Diese Perikope ist auch deshalb wichtig, weil sie nicht nur in etwa der Einsetzung der Eucharistie entspricht und sie uns deutet, sondern weil mit ihr der zweite Teil des Evangeliums beginnt.

Gespräch unter Freunden

Das Evangelium nach Johannes läßt sich in zwei Abschnitte unterteilen. Im ersten Teil (Kapitel 1–12) wird uns die „Verkündigung Jesu an die Juden" beschrieben. Man kann sie in die Worte zusammenfassen: „Er kam in sein Eigentum, aber die Seinen nahmen ihn nicht auf," (1, 11). In diesem Sinn sind die Schlußworte des 12. Kapitels ein Kommentar zum Unglauben dessen, der die Zeichen nicht begriffen hat. Den zweiten Teil (Kapitel 13–21) könnte man die „Verkündigung Jesu an die Freunde" nennen, das heißt an jene, „die ihn aufnahmen," und denen er „Macht gab, Kinder Gottes zu werden" (1, 12).

Von diesem Abschnitt an bedient sich der Evangelist eines neuen Tons, der von innerer Anteilnahme gekennzeichnet ist. Das Zwiegespräch Jesu mit den Seinen wird vertrauensvoll und innig. Jesus beginnt, sich unverhüllt zu zeigen und nicht mehr in den herben Kontroversen, die dem ersten Teil des Evangeliums einen so drückenden, bisweilen gar dunklen Ton gegeben haben. Es waren Augenblicke großer Erregung, Augenblicke des Protests und des Widerstands gegen Jesus. Von nun an verläuft alles wie in einem großen Gespräch unter Freunden, das nur von ein paar Mißverständnissen unterbrochen wird, die Jesus liebevoll ausräumt.

Die Perikope ist schwierig, weil sich in ihr viele recht unterschiedliche Motive überschneiden, die hier und da auf verschiedene Überarbeitungen der Szene zurückzugehen scheinen. Es gibt Augenblicke, bei denen man nicht recht weiß, wie man den Text erklären soll oder warum gerade dies berichtet wird. So ist es zum Beispiel schon schwer zu sagen, wieso Jesus im Vers 4 die Fußwaschung „nach" Beginn des Abendmahls vollzieht, also während der Mahlzeit selbst, wogegen sie normalerweise vor Beginn der Mahlzeit stattfand. Es scheint fast, daß in Jesu Tun die bewußte Absicht liegt, Unruhe zu stiften: Wie in der Routine des menschlichen Alltags das Kreuz etwas ist, was Ärgernis und Unbehagen erregt, so ist dieser Sklavendienst Christi inmitten der Mahlzeit ein Geschehen, das alle Vorstellungen umwirft und die Einstellung, die die Jünger gegenüber Jesus haben können, ganz und gar ändert. Ich weiß nicht, ob diese Auslegung den Sinn des Textes wirklich trifft oder ob sie darüber hinausgeht. Jedenfalls ist es so, daß dieser und noch weitere Punkte nicht ohne weiteres von sich aus klar sind. So etwa Vers 10: „Wer vom Bad kommt, ist ganz rein und braucht sich nur noch die Füße zu waschen." Was heißt das und warum steht es an dieser Stelle? Dieser Vers 10 hat wenigstens sieben verschiedene Lesarten, so sehr ist er in der Geschichte der Handschriften zerpflückt worden. Eine der einfachsten Lesarten, die der Sinai-Handschrift, lautet: „Wer vom Bad kommt, braucht sich nicht zu waschen," und verzichtet auf die Erwähnung der Füße. Wenn dies die ursprüngliche Lesart wäre, würde sich der Sinn des ganzen Absatzes in unserer Auslegung bestätigen. Ich erwähne dies, um zu zeigen, wie schwierig es ist, allen Hinweisen, die Johannes uns gibt, auf die Spur zu kommen. Oft bringt seine Erzählweise unversehens Dinge zur Sprache, von denen man nicht weiß, warum sie ausgerechnet an der betreffenden Stelle auftauchen.

Dem Menschen zu Diensten

Jedenfalls erscheint die eigentliche Bedeutung dieses Abschnittes deutlich im Vers 14: „Wenn nun ich, der Herr und Meister, euch die Füße gewaschen habe, dann müßt auch ihr einander die Füße waschen." Was heißt jedoch dieses „einander die Füße waschen"? Die Urgemeinde verstand dies wörtlich, und so verblieb die Fußwaschung in der Liturgie des Gründonnerstags. Eine der Bedingungen für die Aufnahme von Witwen in den Kirchendienst war: „Si sanctorum pedes lavit" – daß sie sich eifrig dem Dienst des Füßewaschens gewidmet hat. In einem ersten übertragenen Sinn glaube ich, daß wir hierunter den

Dienst zu verstehen haben, in dem auch die niedrigsten und unbequemsten Dienste enthalten sind, die wir einander erweisen. Das scheint der nächstliegende Sinn des Textes zu sein. Allerdings gibt es etwas, das uns nicht erlaubt, hierbei stehenzubleiben, und zwar aus einem doppelten Grund: Einmal handelt es sich angesichts dessen, daß Jesus diese Handlung nur ein einziges Mal vollzogen hat, um eine außergewöhnliche Tat, die Verwunderung und Bestürzung hervorgerufen hat. Sie war nicht üblich: Jesus ist nicht der, der seinen Aposteln dauernd die niedrigsten Dienste erweist. Vielmehr erteilt er ihnen als Rabbi eher Aufträge: er schickt zwei Jünger nach dem Esel aus, den sie ihm bringen sollen, dann schickt er sie, das Pascha vorzubereiten; die Gruppe der Apostel hatte sogar Frauen im Gefolge, die, wie Lukas im Kapitel 8 erwähnt, ihnen dienten. Jesus konnte nicht unsere ganze Existenz an eine Tat binden, die er, um etwas Besonderes auszudrücken, nur ein einziges Mal vollbracht hat. Deshalb darf man die Bedeutung dieses Abschnitts nicht auf die niedrigen und unbequemen Dienste beschränken, die wir einander in der Nachfolge Christi erweisen. Sein Wort: „Ich habe euch ein Beispiel gegeben," kann sich nicht auf dieses einmalige Beispiel beziehen. Dieser Dienst Jesu ist ein Mysterium, das uns begreifen lassen soll, was er wirklich für uns tut. Ein weiterer Grund führt uns über die erste, nächstliegende Deutung hinaus. Wie zu sehen, besitzt dieser Textabschnitt in den ersten zwei oder drei Versen eine Einleitung, die die Hauptthemen des Johannes zusammenfaßt: Jesus, der vom Vater kommt, bringt uns die Liebe des Vaters und geht dann wieder zum Vater zurück; er ist ganz im Besitz seiner Sendung, der Macht, die der Vater ihm gegeben hat, und in dieser Vollmacht liebt er uns „bis zur Vollendung".

Nun ist es klar, daß das Füßewaschen – auch wenn es der allerniedrigste Dienst von Sklaven ist –, nicht ausreicht, um sagen zu können, daß Jesus „bis zur Vollendung" liebt. Umso mehr können wir feststellen, daß dieser Dienst Jesu ein „prophetisches Zeichen" darstellt, ein geheimnisvolles Tun, das den Schlüssel für sein ganzes Leben und seinen nahen Tod bietet. Es bringt tatsächlich sein „Annehmen der Knechtsgestalt" zum Ausdruck, wie der heilige Paulus im Philipperbrief sagen wird, wobei er das Echo der urkirchlichen Liturgie aufklingen läßt. Dieses Tun gibt zu erkennen, daß Jesus, der der Sohn Gottes ist und dem der Vater alles in die Hand gegeben hat, unter uns Menschen Knechtsgestalt annimmt und sich den Menschen uneingeschränkt zur Verfügung stellt, sich ganz ihren Händen ausliefert bis zum Ende. Er entzieht sich ihnen nicht einmal angesichts der letzten Konsequenzen dessen, was die Menschen mit ihm tun. In diesem Mysterium ist der ganze Sinn seiner Menschwerdung enthalten – Leben, Leiden, Tod und Auferstehung – und damit auch der Sinn der Eucharistie: Jesus stellt sich uns ganz zur Verfügung, gibt sich in unsere Hand als unsere Speise, um Gott unter uns zu sein, mit uns und für uns.

Jesu Tun ist also ein Offenbaren, das uns nicht nur sagt, was Jesus getan hat, sondern was Gott ist. Und hier stehen wir vor einem paradoxen Geheimnis: Jesus offenbart Gott „als einen", der dem Menschen zu Diensten steht. Wenn aber Gott das ist, was er uns von sich zu erkennen gibt, insofern als er in unseren Dienst tritt, und wenn der Logos, der der letzte Seinsgrund aller Dinge ist, sich als der offenbart, der uns ganz und gar zur Verfügung steht, dann wird uns damit auch der eigentliche Sinn unserer Existenz enthüllt, nämlich, ganz und gar für die andern da zu sein.

In dieser Offenbarung Gottes durch Jesus ist auch die ideale Norm für unser Menschsein enthalten, insofern sie im Wort erschaffen worden ist: „Alles ist durch das Wort geworden, und ohne das Wort wurde nichts, was geworden ist" (1, 3). Indem er uns Gott erkennen läßt, gibt uns Jesus das, was die Theologen „unser Selbstverständnis" nennen. Anders ausgedrückt: mit der Offenbarung des Wortes, das durch die Hingabe seines Lebens in den Dienst der Menschheit tritt, wird uns eröffnet, was wir selbst sind: von Gott erschaffen und von Gott geliebt. So können wir uns also dazu bestimmt erkennen, im uneingeschränkten Dasein für die andern uns selbst zu verwirklichen – wir selbst zu sein. Das ist der Sinn des Wortes Jesu: „Ich habe euch ein Beispiel gegeben"; nicht, damit ihr diesen Dienst hier tut, den ich euch erwiesen habe, sondern damit auch ihr so handelt, wie ich es in meinem ganzen Leben getan habe, das eine Offenbarung Gottes ist. Das sei das ganze „Tun" eurer Existenz.

Verweigerung und Abwehr der Liebe

Zwei Gestalten in dieser Szene können noch als Beispiele dafür dienen, wie schwer es ist, diese Offenbarung Gottes und dieses Selbstverständnis des Menschen zu akzeptieren. An erster Stelle die Gestalt des Judas, die am Anfang, in der Mitte und am Schluß des Abschnittes vorkommt: am Anfang, wo es von ihm heißt, daß „der Teufel ihm schon den Verrat ins Herz gegeben hatte" (13, 2); in der Mitte, wo wir lesen: „Ihr seid nicht alle rein" (13, 10); am Schluß, gleich nach dem letzten Vers unserer Perikope, wo Jesus sagt: „Ich sage das nicht von euch allen" (13, 18). Die Gestalt des Judas, der sich völlig der Offenbarung der Liebe Gottes und des Sinnes des menschlichen Lebens verweigert, wirft in der Tat einen

Schatten wie die Ungläubigkeit, die immer die Aufforderung Jesu zum Glauben begleitet.

Über unserer Szene liegt aber noch ein weiterer Schatten, der des Petrus. Petrus wehrt ab: es ist eine Abwehr von tiefer Bedeutung, die uns den Sinn der geheimnisvollen Handlung begreifen läßt, die Jesus gerade vollzieht. Was veranlaßt Petrus zur Abwehr? Vordergründig gesehen, könnten wir sagen, daß Petrus das Füßewaschen als Demütigung mißversteht und auch ein wenig für unangebracht hält. Deshalb kann er es nicht geschehen lassen und erregt sich darüber. Aber der Nachdruck, den Johannes auf die Weigerung des Petrus und das so ernste Wort Jesu legt: „Wenn ich dich nicht wasche, hast du keinen Anteil an mir," – ein Wort, das Petrus dazu bringt, die Geste des Meisters völlig zu akzeptieren –, weist wohl noch auf eine andere Bedeutung hin, die den ganzen Widerstand des Apostels – der schon bei Markus im Kapitel 8 gleich nach dem Glaubensbekenntnis zutage trat – gegen das Ja zum Kreuzweg zum Ausdruck bringen soll. Wenn diese geheimnisvolle Geste Jesu Bereitschaft zum unmittelbar bevorstehenden Tod bekunden soll, ist Petrus derjenige, der sagt: „Nein, Herr, das sei fern von dir!" Diese Versuchung ist so schwer, daß Jesus, der sich bei Markus im Kapitel 8 zu ihrer Zurückweisung sogar der Anrede „Satan" bedient, ihr auch hier mit den Worten entgegentritt: „Wer nicht durch mich den Kreuzweg akzeptiert" – also auch für sich selbst. Petrus lehnt ihn nicht nur für Jesus ab, sondern auch für sich, denn er begreift, daß auch er selbst in Jesu Schicksal verwickelt ist –, „der hat keinen Anteil an mir" (13, 8).

Vielleicht gibt es noch eine dritte Verständnisebene, die sich nur schwer ausdrücken läßt, hier aber wenigstens andeutungsweise, soweit sie sich meiner Intuition erschließt, angesprochen sein soll: Petrus steht für unser

Widerstreben, jemandem etwas schulden zu sollen. Es fällt schwer, freien Herzens und spontan Geschenke anzunehmen. Noch schwerer ist es zuzugeben, jemandem etwas zu schulden, bringt uns dies doch in eine gewisse Abhängigkeit, die wir fürchten. Hier liegt bisweilen der Grund der Spannungen zwischen Eltern und Kindern, so gut sie einander auch sein mögen: sie haben sich nichts Ernsthaftes vorzuwerfen, aber man empfindet gegenseitige Abhängigkeit und Verpflichtung, die man nur schwer akzeptiert. Jemandem für etwas danken zu müssen, belastet uns. Immer sind wir eher geneigt, uns selbst Dank zu sagen als den andern. Wenn wir der Schilderung des Johannes folgen, spürt Petrus intuitiv, wie das Füßewaschen durch Christus offenbart, daß er ihm alles verdankt. Petrus muß sich so von der Liebe des Vaters im Sohn durchdringen lassen, daß er ganz von Gott abhängig – pros ton theon – ist – wie der Sohn vom Vater – und ganz in dieser Abhängigkeit der Liebe und Dankbarkeit leben muß, für die das Menschenherz sich ungern öffnet, weil wir alle eben eher bestrebt sind, uns aus eigener Kraft zu erlösen. Es ist schwer, die Liebe Gottes anzunehmen, es ist schwer, Jesus anzunehmen, der uns dienen will, und es ist schwer, andere dazu zu bringen, von uns einen Dienst anzunehmen, wenn wir nicht vorher anerkennen, daß auch wir selbst von Gott empfangen haben.

Liebe, die uns handeln läßt

Wir sind hier also mit einigen der wichtigsten Themen des Johannesevangeliums konfrontiert: der durch die Liebe des Vaters in Jesus erlöste Mensch muß aus sich herausgehen, seine tiefsten inneren Hemmungen hinter sich lassen und mit Freude anerkennen, daß es diese

Liebe ist, die ihn zum „Geschenk für die andern" macht und erklärt. Wenn er sie bejaht, muß sich für ihn daraus die Bereitschaft ergeben, auch seinerseits für andere da zu sein. Deshalb schließt Jesus mit den Worten: „Selig seid ihr, wenn ihr das wißt und danach handelt" (13, 17). Hier besteht das Evangelium nicht mehr auf dem Verstehen, Sehen, Erkennen, Glauben, wie im ersten Teil, sondern auf dem „Handeln". Allem christlichen Tun liegt ein kontemplatives Geheimnis zu Grunde: Es hat seinen Ursprung in der uneingeschränkten Bereitschaft Jesu, uns zu dienen, aus der sich unsere uneingeschränkte Bereitschaft zum Dienst an den andern ergibt. Indem Gott uns liebt, werden wir selbst fähig, uns den andern zur Verfügung zu stellen, ihnen froh zu dienen.

Auf diese Geheimnisse, die sich bei der Eucharistiefeier unserer Betrachtung stellen, wollte ich hinweisen. Bitten wir den Herrn, daß wir ihn als totales Geschenk empfangen lernen, ohne uns selbst zu bedauern. Lassen wir uns so umgestalten, daß diese Eucharistiefeier der Anfang ist für ein „Handeln", das vor der Welt das Geschenk des Heils im Namen Jesu zum Ausdruck bringt.

Jean-Marie Lustiger

Habt Vertrauen

Impulse zur Nachfolge

„Das erste Buch des Erzbischofs von Paris in deutscher Sprache enthält Worte zu jedem Sonntag. Es sind Texte, die gewachsen sind aus einer großen Sensibilität für die unsichtbaren Realitäten, einer wachen Beobachtung, dem Miterleben und persönlichem Miterleiden der ‚condition humaine', geschrieben in einer Sprache, die mühelos zwischen sublimen Erkenntnishöhen und lebensnaher Alltagserfahrung hin- und herschwingt. Es ist das Buch eines herausragenden Seelsorgers und Predigers, für den das Hören auf das Geheimnis des biblischen Wortes tiefster Lebensvollzug ist" (Würzburger Diözesenblatt).

„Lustiger, für den Predigen zuerst einmal Hinhören voraussetzt, legt das Evangelium in schlichter, leicht verständlicher, eingängiger Sprache aus. Er versucht immer, den Zuhörer persönlich anzusprechen" (dpa – Literaturdienst).

240 Seiten, kartoniert. ISBN 3-451-19424-4

Verlag Herder Freiburg · Basel · Wien

Carlo M. Martini

Dein Stab hat mich geführt

Geistliche Weisungen von Mose zu Jesus

„Dieses gut aufgemachte und übersetzte Buch läßt verstehen, warum der Jesuit, Professor für neutestamentliche Exegese und Rektor der Gregoriana in Rom, überraschenderweise von Papst Johannes Paul II. zum Erzbischof von Mailand und damit zu einem der wichtigsten Männer in der katholischen Hierarchie ernannt wurde. Es läßt nämlich den Seelsorger erkennen... Viele kluge und hilfreiche Hinweise sind eingeflochten. Weiterhin zeigt das Buch den modernen Exegeten, der einen wichtigen Neuimpuls für die Ignatianischen Exerzitien gibt. Nach dem Vorbild der Kirchenväter und auch schon des Neuen Testaments ist die Gestalt des Mose als prophetisches Voraus-Bild Jesu das Strukturprinzip, um diesen Jesus und unser Leben in seiner Nachfolge zu meditieren" (Karl Rahner in: Geist und Leben).

„Der Leser ist unmittelbar betroffen und ganz persönlich angesprochen" (Kirche und Leben, Münster).

2. Auflage 1982. 240 Seiten, geb. ISBN 3-451-19083-4

Verlag Herder Freiburg · Basel · Wien